Wolfgang Teichert · Gärten

So alt wie die Gärten der Wirklichkeit
sind auch die symbolischen;
vielleicht sind sie sogar älter,
weil erst die im Symbol zum Ausdruck kommende Energie
den »realen« Garten schafft.
Als nährender und umfriedeter Bezirk
war der Garten schon immer das Symbol für Kultur,
ein Gebilde, das die chaotischen Eindrücke
von innen und außen
in gärtnerisch-pflegerischer Art ordnete und abgrenzte,
abgrenzte auch gegen die Wildnis,
die den kleinen Weltgarten umgab
und die ständig einzubrechen drohte.

Buchreihe *Symbole*

Wolfgang Teichert

Gärten

Paradiesische Kulturen

Kreuz Verlag

CIP-Kurztitelaufnahme der Deutschen Bibliothek

Teichert, Wolfgang:
Gärten: paradies. Kulturen / Wolfgang Teichert. –
1. Aufl. – Stuttgart: Kreuz-Verlag, 1986.
  (Buchreihe Symbole)
  ISBN 3-7831-0767-9

© by Dieter Breitsohl AG
Literarische Agentur Zürich 1986
Alle deutschsprachigen Rechte beim Kreuz Verlag Stuttgart
1. Auflage
Kreuz Verlag Stuttgart 1986
Umschlagbild: Liebesgarten von Mariotto di Nardo,
Staatsgalerie Stuttgart
Tafel I: Roswit Balke »Nächtlicher Garten mit Pan«, aus : »Sarabande« –
Roswit Balke/Evelyn Sinnassany, Iller, Köln Lithography (Elefanten Press
Verlag)
Tafel II: Emil Nolde »Im Zitronengarten«, 1933, Staatsgalerie Stuttgart,
Copyright Nolde-Stiftung Seebüll
Tafel III: Maurice Denis »Saintes femmes au Tombeau«, 1984, Musée du
Prieuré, Saint Germain-en-Laye
Tafel IV: Stefan Lochner »Die Muttergottes in der Rosenlaube«, Wallraff-
Richartz-Museum Köln
Tafel V: Hieronymus Bosch (um 1500) »Der Garten der Lüste« (Ausschnitt)
Foto: Max Seidel, Mittenwald
Gestaltung: Hans Hug
Gesamtherstellung: Wilhelm Röck, Weinsberg
ISBN 3 7831 0767 9

Inhalt

Vorwort

Wenn ich in meinen Garten blicke, dann kann ich an ihm
erkennen, daß ich mich lange nicht mehr um ihn gekümmert
habe. Es wachsen alle möglichen und unmöglichen Kräuter
durcheinander. Die Beete sind nicht mehr klar voneinander
abgegrenzt, der Rasen beginnt sich zu verfilzen, altes Laub
vom vergangenen Jahr liegt noch immer unter den Stachel-
beerbüschen. Eine Systematik ist nicht mehr erkennbar, nur
hier und dort blüht eine Blume, ein Strauch, und auch die
Bäume haben kräftig angesetzt. Wer in die Gärten der Religion
geht, die überall am Anfang leuchten, dem wird es ähnlich
ergehen. Er findet hier eine Blume, dort vielleicht schon eine
Frucht, und zuweilen kann er sich an einem schattigen Ort
ausruhen.

Die kleinen Essays dieses Bandes haben zufälligen Charakter. Es sind kleine Lesen, die man am Weg hält. Auf vieles,
allzu vieles mußte ich verzichten. So haben zum Beispiel die
Chinesen mit ihrem feinsinnigen Gespür für mimetische Natur
und ihrem Unwillen gegen die geraden Linien keinen Platz
gefunden. Auch die japanischen Gärten mußten unbeachtet
bleiben, wie überhaupt die realen Gärten der Griechen,
Römer, der Kaiser von Byzanz, die Gärten auch der Klöster,
die Gärten des Manierismus sowie die französischen und englischen Gärten nicht einmal kurz gestreift werden konnten.
Aber so ist es mit den Gärten: Man muß in ihnen verweilen.
Muße ist nötig, wenn man sie genießen will. Sie sind mir,
gerade in ihrer symbolischen Gestalt, zum Gleichnis für Verwandlung und Umwandlung geworden. Immer geschieht
etwas in und mit ihnen. Leben und Tod bleiben ständig anwe-
send in diesen Refugien einer einst mütterlichen Behaglichkeit.

Nicht Sehnsucht nach dem Anfang ist es gewesen, die diese
Arbeit geleitet hat, nicht ursprungsmythisches Verlangen. Für
mich sind die Gärten nicht die uralten heiligen Orte, in denen
man die ewigen Aspekte der Natur anschaut, sondern Paradiese im Sinne schöpferischer Prozesse, in denen man sich –
gerade angesichts gegenwärtiger Bedrohungen – wiedererkennen kann. So werden die Gärten mit jenem leise überhöhten

Ton aufgesucht, der schon immer notwendig war, wenn Gefahr drohte. Mit dem Paradiesgarten und seinen vielen Abbildern bemächtigen wir uns einer gelungenen Erinnerung, wie sie – frei nach Benjamin – im Augenblick der Gefahr aufblitzt. In apokalyptischer Situation, behauptet das letzte Bibelbuch, soll – mitten auf der Gasse – der Baum des Lebens blühen. Wohlan.

Bergedorf, im April 1986

Vom Tod zum Leben
Prolog

In einem Garten ging die Welt verloren,
in einem Garten ward sie erlöst.

Blaise Pascal

Das Ziel, das Paradies, der Ursprung
ist nicht ein Ort oder ein Zeitpunkt,
nur eine Art, die Dinge und sich selber ohne Angst zu sehen,
und sie liegt in jedem selbst.
Der Weg dahin ist einzig
die »furchtbare Macht« der Sanftmut.

Eugen Drewermann

Es war an einem dieser klar-kalten Wintermorgen im Februar. Wir trugen unsere vierzehnjährige Tochter Frauke Friederike zu Grabe. Sie war wenige Tage zuvor durch einen Unfall im Haus getötet worden. Dieser Morgen war kalt, aber hell. Für uns war es, als ginge mit diesem Kind eine, unsere Welt verloren, hier auf dem Kirchhof, nur einige hundert Schritte von unserem Haus entfernt. Bis uns – Tage später – jemand erzählte, er werde diesen Morgen dort draußen in dem Kirchgarten mit der ersten Drossel, die da gesungen hat, niemals vergessen. Für ihn sei das Gartenerlebnis fast so etwas wie Lösung, wie Erlösung gewesen.

Tod, Garten, Morgen und Erlösung geraten seitdem für mich in einen geheimnisvollen Zusammenhang. Es ist, als ob wir diesen Gartenort, wo wir doch nichts erwarteten als Tod und Trauer und unendliche Verzweiflung, in einem anderen Licht, mit anderen Augen zu sehen begonnen hätten. Vielleicht haben Gärten aller Zeiten diese Tendenz zur Verwandlung der Blickrichtung: vom Tod zum Lebendigen. So liegt es denn auch nahe, daß heute ausgerechnet unsere Stätten des Todes – die großen Friedhofsgärten – zu Refugien von Ruhe, Stille und zur »grünen Lunge«, zu Quellen der Erneuerung unserer Atemluft werden. Die Todesgärten verwandeln sich und uns zu Stätten des Lebens.

In diesem Licht bekommt Pascals Wort über die Gärten einen nicht nur biblisch bezogenen Sinn. Gärten haben eine Art Verwandlungscharakter. Sie sind nicht reine Natur, weil sie vom Menschen »angelegt« wurden, sie sind aber auch nicht nur von Menschenhand »gemacht«. Ein Gärtner, eine Gärtnerin müssen Geduld haben und wachsen lassen können. Sie müssen sich auf die gutmütige Hilfe der Natur verlassen. Nur im Zusammenspiel von Natur und Pflege entsteht der Garten, entsteht überhaupt Kultur. Denn das Wort Kultur tritt in seinem etymologischen Ursprung zuerst im Zusammenhang mit dem Paradiesgarten auf. Dort heißt es, daß der Garten zu »pflegen«[1] sei. In der lateinischen Übersetzung finden wir an dieser Stelle das Wort colere. Kultur also bedeutet die gärtnerisch-pflegende Tätigkeit.

Kultur und Kult, Pflege und Verehrung, entstammen derselben Wurzel. Man assoziierte mit beiden Begriffen die Rodung, mit der menschlicher Lebensraum – der Garten –

oasenhaft aus der Wildnis oder der Wüste ausgegrenzt wurde. Solche Ausgrenzung muß man sich nicht eindimensional wirtschaftlich bedingt vorstellen. Gewiß brauchten die seßhafter werdenden Menschen angebaute pflanzliche Nahrung. Aber schon die Blumen, allen voran die Rose, lassen sich nicht mehr funktional wirtschaftlich einordnen. Der Zusammenhang der Worte »Kultur« und »Kult«, der Zusammenhang also von gärtnerischem Handeln und religiöser Verehrung, läßt eher auf eine religiöse als auf eine wirtschaftliche Notwendigkeit der Gartenentstehung schließen. Deshalb erinnern viele alte Religionen an einen ausgegrenzten Gartenraum, ein Paradies, das am Anfang war. Der Name des gärtnerischen Gebildes »Paradies« stammt, wie so manche Vorstellung, aus dem altiranischen Raum. Dort bezeichnete er einen von einem Wall umgebenen Baumpark[2].

Aber auch diesen geschützten Baumgarten dürfen wir uns nicht profan nur als Nutzgarten vorstellen. Bereits die vorislamischen Religionen Arabiens zum Beispiel erwähnen die Bäume als Sitz der Göttin. Es war verboten, im heiligen Garten einen Baum zu fällen oder gar ein Tier zu jagen. »Wenn auch nicht jeder Gott ein ›Haus‹ hatte«, wird berichtet, »so war doch um jedes Idol ein heiliger Bezirk, hima genannt, gegen den profanen Gebrauch abgegrenzt.«[3] Genauso verhielt es sich auch mit den zahlreichen Paradiesen. Immer wieder wird vor allem ihre wallartige Abgrenzung hervorgehoben.

Nützlichkeitsdenken erklärt sich diesen Zaun oder diese Mauer vielleicht mit dem Gedanken des Schutzes vor wilden Tieren. Aber Ethnologen und religionspsychologische Forscher haben herausgefunden, daß die Erfahrung eines abgegrenzten Raumes, der erst die formlose Weite der Erde strukturiert, so etwas ist wie ein erstes Schöpfungserlebnis. Es wird nämlich eine Grenze gezogen zwischen einem bedeutungsvollen Gehege und einer formlosen Gegend ohne Struktur und Festigkeit. Diese Grenze läßt den Garten entstehen, so daß er, mit Mircea Eliade, »ein primäres religiöses Erlebnis«[4] ist, das aller Reflexion über Welt und Mensch vorausgeht.

In der Tat: Nichts kann anfangen ohne vorhergehende Orientierung. Ich brauche eine Basis oder einen umschlossenen Raum, um wachsen zu können. Das gilt ja bereits für die vorgeburtliche Phase des Menschen, und das gilt gleicherweise für die Menschwerdung der Menschheit. Das Verlangen des Menschen, ein Leben im Paradiesgarten zu führen, ist das Verlangen danach, das Leben nicht in der endlosen Relativität subjektiver Erfahrungen führen zu müssen, sondern eingebunden zu sein in die Mitwelt, freilich nicht nur passiv tatenlos, sondern auch aktiv handelnd.

Jeder Garten ist somit die Wiederholung der Schöpfung im mikroskopischen Maßstab. Wer einen Garten anlegt und einen Raum ordnet – sei es real in der Außenwelt oder phantasievoll in der Innenwelt –, wiederholt das exemplarische Werk der Weltenschöpfung, die in vielen mythischen Geschichten als gärtnerische Tat verstanden wird. Und diese schöpferische Tat braucht Übersichtlichkeit, Schutz, Pflege und Geborgenheit. Darum stoßen wir am Anfang immer auf einen Zaun, einen Wall oder eine Mauer.

Der ursprüngliche Begriffskreis unseres Wortes »Garten« führt sofort in die Nähe von Vorstellungen wie Zaun, Hof, Gehege, umschlossene Wohnstätte, ja sogar die gesamte Erde, die wir bewohnen, wird in der Edda als midgart, als Mittelgarten, bezeichnet. Der Sprachgebrauch beweist übrigens auch, daß der Garten als Temenos, Hain, Oase, Labyrinth oder Gerichtsort weltschöpferische Bedeutung hat. Dort leben die Frauen und geben Schutz. So heißen bei uns noch viele Stätten »Kosegarten« oder »Heimgarten«. Und im 16. Jahrhundert hieß ein mit Linden bestandener Gerichtsplatz bei Rottweil »lindengart«. Das »Kosen« meinte in diesem Zusammenhang nicht das Treiben verliebter Paare, sondern das Verhandeln der Gemeinde vor Gericht. Die Gerichte aber waren Stätten, an denen geopfert worden ist, so daß Kosegärten (später Rosengärten) und Heimgärten einst Opferstätten und heilige Orte gewesen sein müssen. Als Gerichts- und Opferstätten gewährten sie zugleich das, was weiblicher und mütterlicher Schutz immer hergab, »fride« oder Asyl. Noch in der Silbe -gard in Frauennamen wie Friedegard, Armgard, Liebgard und auch Hildegard ist die asylgewährende Seite des Gartens bewahrt. Bei den Frauen und in ihrem Umkreis im Garten fand ein Verfolgter Schutz und Asyl[5] – nötigenfalls unter ihrem Mantel –, der später bei der Schutzmantelmadonna wieder auftaucht.

Das Grimmsche Wörterbuch vermutet deswegen nicht zu

Unrecht, daß Frauennamen wie Friedegard, Armgard, Liebgard oder Hildegard gewiß zuerst Namen von Priesterinnen des Gartens gewesen sind[6]. Sie schlugen ihren heiligen Kreis um sich, wo immer sie hinkamen und wo es die Umstände erforderten. Daß dies nicht immer ohne Schwierigkeiten gegangen sein mag, läßt sich am Namen von »Hildegard« ahnen. Diese kämpferische Namensverbindung (Hild = Kampf, althochdeutsch) mit dem Garten ist zugleich ein Hinweis darauf, daß der schutz- und asylgewährende Platz seit alters immer auch sehr bedroht gewesen ist. Wie sehr das gerade heute wieder aktuell wird, zeigt die derzeitige Debatte um die Gewährung von Asyl in unserem Land. Vielleicht kann man dort kein Asyl mehr gewähren, wo man nicht mehr bereit ist, Gärten anzulegen?

Daß der Garten traditionell weiblich-mütterliche Züge hat, kommt auch in einer schönen Verbindung zum Mondbereich heraus. Im Norwegischen heißt »gard ring« der Hof um den Mond, und wer einen Stein in das Wasser wirft, der macht »garda«, Kreise, die sich immer weiter ausbreiten[7]. So kann der Garten schließlich zu einem Landmaß werden, was noch im Englischen in der Bedeutung »yard-land« (ursprünglich: Gartenland) zum Ausdruck kommt, wobei »yard« später dann auch zu einem Längenmaß werden kann. In dieser messenden, einteilenden Bedeutung schwingt noch einmal die weltschöpferische Tat mit, die Eliade meint, wenn er von der Notwendigkeit »heiliger Räume«[8] spricht, die der religiöse Mensch braucht, um Mensch sein zu können.

So alt wie die Gärten der Wirklichkeit sind auch die symbolischen, vielleicht sind sie sogar älter, weil erst die im Symbol zum Ausdruck kommende Energie den »realen« Garten schafft. Als nährender und umfriedeter Bezirk war der Garten schon immer das Symbol der Kultur, ein Gebilde, das die chaotischen Eindrücke von innen und außen in gärtnerisch-pflegerischer Art ordnete und abgrenzte, abgrenzte auch gegen die Wildnis, die den kleinen Weltgarten umgab und die ständig einzubrechen drohte. Die Sintflutgeschichten der Religionen bringen zum Ausdruck, wie bedroht man den Garten Erde empfand, ob er nun als Paradies oder als von Disteln und Dornen bewachsen verstanden wurde.

Es nimmt nicht wunder, daß dieser bedrohte Garten auch in

die Redensarten Eingang gefunden und zu bildlicher Assoziation angeregt hat. Wer einen »Stein in meinen Garten wirft«, der verletzt mich mit Worten. Von Pfaffen und Pfründenbesitzern heißt es: »Oftmals auch laszen diejenigen, so die hand an der thür haben, einen, der nicht ires munds oder sinns ist, nit gern in den garten.«[9] Hier steht der Garten also für die Pfründe, die man nicht gerne teilt. Aber auch von dem, was einem durch das Schicksal zuteil wird, heißt es, es wachse ihm im Garten[10]. Überhaupt wird der äußere und innere Lebenskreis eines Menschen als sein »Garten« gedacht, über dessen Gedeihen nicht sein eigener Einfluß allein Herr ist. So heißt es zum Beispiel: »Geduld wächst nicht in jedermanns Garten.«[11] Die germanische Wortbedeutung schließt endlich auch die selbstgeschaffene Welt der Dichter mit ein. Ihre Gedanken und Verse sind dann die Blumen im Garten: »Im Garten auch, wo die Dichterblumen sprossen . . . da haben wir der Stunden viel genossen«, dichtet Goethe[12].

Besonders im 17. Jahrhundert, als die Gartenkunst neue Aufschwünge erhält, häufen sich die Buchtitel, die den Garten aufführen. Liederbücher nennen sich »musicalisches Lustgärtlein« oder »Studentengärtlein« bis hin zu Teerstegens »Geistlichem Lustgärtlein«. Noch in diesen Buchtiteln klingt ein zweiter bedeutender Zug des Gartens an: Man sucht die Zuwendung zum Kleinen und Abgegrenzten, weil es zugleich ein Sinnbild für das Große ist, so daß Pflege und Hege des Gartens zugleich Pflege und Hege der gesamten Erde, vielleicht sogar des Kosmos bedeuten. Denn die mythischen Gärten der Vorzeit haben alle eine Verbindung zu Gott oder den Göttern. Das heißt eben auch: Der Zaun oder Wall grenzt zwar gegen die umgebende strukturlose Wildnis ab, aber die Offenheit zur nichtmenschlichen oder transzendenten, dem Bewußtsein nicht zugänglichen Seite ist ebenfalls ein Element der mythischen Gärten, wie wir noch sehen werden.

Garten, Haus und Mensch sind sehr voneinander abhängig. Der Mensch muß dasein, weil nur unter seinem liebenden Blick die Gartenpflanzen sich entwickeln können. Wenn der Mensch, aus welchem Grund auch immer, Wohnung und Garten verläßt, geht der Garten zugrunde oder hält sich verschlossen. Die Paradiesgeschichten freilich zeigen, daß Garten und Mensch keine idyllische Symbiose bilden. Der Garten ist

auch Schauplatz für das, was die Paradiesgeschichte der Genesis »Vertreibung« nennt. Sehr eng wird hier die Beziehung
zwischen dem Schicksal des Menschen und dem Garten deutlich.

Äußerlich wird deshalb ein Garten oft anthropomorph[13],
also wie ein Menschenleib, gestaltet: Wege teilen ihn in rechte
und linke Hälfte. Die Beete liegen wie Rippen quer. Recht-
winklig durchkreuzt ein anderer Weg den Hauptweg, so daß
eine Kreuzform entsteht. Hier, am Schnittpunkt, in der Her-
zensmitte des Gartens, befindet sich häufig der Brunnen oder
ein rundes Mandala aus Blumen. Und wie die feste Decke des
Schädels befindet sich am oberen Ende des Gartens die rosen-
umrankte Laube oder ein Geräteschuppen. Wie eine dicke
Haut umgibt eine Hecke oder ein Zaun dieses menschenähnli-
che Gebilde.

Diese Menschengestalt ist kein Zufall: Die Gartenbauer
selbst übertrugen ihre seelischen und geistigen Inhalte auf
Anlage und Pflege des Gartens. Der Garten wird also immer
zum Spiegel dessen, der ihn gestaltet, so daß man zuweilen
fast eine kleine Typologie des Gärtners anhand seines Gartens
anlegen könnte: Wer mit Eifer und ständig Büsche und Bäume
beschneidet, mag sich und seine Seele auch kaum wachsen
lassen; wer sich aufs Kompostieren und auf die Schneckenbe-
kämpfung konzentriert, dessen Probleme mögen im Bereich
der Verdauung liegen, und wer ein Sauberkeitsfanatiker ist,
den sieht man ständig am Unkrautjäten.

Gleichwohl lehren die symbolischen Gärten, daß sie nicht
nur Projektionen innerseelischer Vorgänge in eine noch unbe-
rührte Natur sind. Der Garten hat eigene ökologische Kreisläufe und ist nicht nur auf den Menschen hin geordnet. Er ist
nicht nur Kultur. Er bedarf der Mithilfe der – freilich gebän-
digten – Natur. Wer sie ausschließt durch zu dicke Mauern, zu
viel Beschneidung oder künstliche Veränderung, der muß
gewahr werden, daß sein Garten stirbt, weil er nicht mehr
zuläßt, daß der Mensch seinerseits vom Garten beeinflußt,
gestaltet und damit kultiviert wird.

Es gab einmal eine Pädagogik, die diesen kultivierenden
Zusammenhang von Garten und Mensch noch methodisch
einsetzte. Aber solche Schulen sind selten geworden, die noch
einen Schulgarten besitzen. Wenn selbst Christus mit einem

Gärtner verwechselt wird und in einem Holzschnitt aus dem 16. Jahrhundert sogar selbst als Gärtner erscheint, dann schwingt neben der Pädagogik auch in der Religion die Vorstellung mit, daß Christus die Seelen der an ihn Glaubenden »gärtnert«, das heißt, er ermöglicht ihnen durch seine pflegerische Gegenwart, zu wachsen und zu gedeihen, aber auch zu sterben, wenn es notwendig ist, damit Neues wachsen kann.

Endlich gilt es für uns am Bild des Gartens zu verstehen, was es bedeutet, wenn die jüdisch-christliche Heilsgeschichte in einem Garten anfängt und endet, genau so wie Pascal gesagt hat. Paradiesgarten und Auferstehungsgarten! Bei oder in diesen Gärten findet sich jedesmal ein Grab. Außerhalb des Paradiesgartens das Grab von Adam und Eva, von Kain und den Opfern der Sintflut: ein Massengrab. Im Auferstehungsgarten hingegen finden wir ein leeres, ein offenes Grab. Von diesem Garten aus wird, wie wir noch sehen werden, eine Frau – vielleicht eine bekehrte Sünderin – als Botenfrau hingeschickt zu den Männern. Daß sich die Auferstehung in einem Garten verwirklicht, zudem noch morgens, wenn die rosenfingrige Morgenröte Homers ihr geheimnisvolles Licht aussendet, zeigt noch einmal die mystische Zusammengehörigkeit von Menschen, Zeit und Ort. Mensch, Morgen und Garten gehören zusammen. Deshalb finden wir zunächst den Garten am Morgen der Religionen. Immer gehören Gott oder Götter zum Garten, sei es, daß sie als Besitzer auftreten, oder sei es, daß ihre Existenz die Menschen im Garten daran erinnern soll, pfleglich mit ihm umzugehen.

Dann allerdings, wenn der Garten gepflegt wird, kommt zugleich auch immer die Bedrohung in den Blick. So bringt zum Beispiel die 18. Sure des Korans ein Gartengleichnis. Es handelt von zwei Männern.

Dem einen waren zwei Gärten mit Weinstöcken geschenkt, umgeben von schönen Palmenhainen und Getreidefeldern. »Beide Gärten trugen Früchte und erwiesen sich dabei in nichts als mangelhaft. Der Besitzer hatte einen guten Ertrag aus

Tanz im nächtlichen Garten mit Mond, Wind und Bäumen. Der Garten ist ein geheimnisvoller Ort der Verwandlung und des Wartens auf den Morgen.

TAFEL I
ROSWIT BALKE (1984) NÄCHTLICHER GARTEN MIT PAN

seinem Garten. Da sagte er zu seinem Gefährten: ›Ich glaube nicht, daß dieser Garten jemals zu existieren aufhören wird. Ich glaube auch nicht, daß die Stunde des Gerichts sich nächstens einstellen wird. Und wenn ich dereinst doch vor meinen Herrn gebracht werde, werde ich als Ort der letzten Einkehr etwas Besseres vorfinden als meinen Garten.‹

Sein Gefährte erwiderte ihm: ›Glaubst du denn nicht an den, der dich aus Gartenerde, hierauf aus einem Tropfen geschaffen und dich zu einem Mann geformt hat? Ich bekenne: Er ist Gott, mein Herr. Und ich geselle meinem Herrn niemand bei. Warum hast du denn, als du in deinen Garten gingst, nicht gesagt: Nur was Gott will geschieht. Es gibt keine Macht außer bei Gott? Wenn du meinst, daß ich weniger Vermögen und Kinder habe als du, so wird mir Gott vielleicht etwas Besseres geben als dein Garten, und ein Strafgericht wird er vom Himmel über ihn schicken, daß am Morgen nur noch eine kahle Stelle übrig ist.‹ Und mit der Ernte aus dem Garten war es plötzlich aus und vorbei.«[14]

Dieses Gleichnis des Korans wählt nicht zufällig das Bild des Gartens, für dessen Geschenk man dankbar sein soll, weil man selber aus Gartenerde gemacht ist. Der Gartenbesitzer, das heißt der Mensch dieser Erde, soll dies Geschenk als ein Zeitweiliges erkennen und nicht sorglos denken, der Garten höre niemals auf zu existieren. Vor allem: Der Mensch soll sich nicht ständig nach noch Schönerem oder noch Größerem sehnen als nach dem Garten, der ihm vor die Füße gelegt ist.

Deshalb erwartete zum Beispiel der religiöse Ägypter auch hinter der Schwelle des Lebens nichts Besseres als einen Garten. »Gewähre, daß ich ein- und ausgehe in meinem Garten«, lautet ein Totengebet, »daß ich mich kühle in seinem Schatten, daß ich Wasser trinke aus meinem Teiche jeden Tag, daß ich lustwandle am Ufer meines Teiches ohne Unterlaß, daß meine Seele sich niederlasse auf den Bäumen, die ich gepflanzt habe, daß ich mich erquicke unter meinen Sykomoren.«[15]

Der aus dem Leben Scheidende nahm sogar seinen Garten mit zu Osiris, dem Herrn der Unterwelt. Wenn die Lebenden die Gräber besuchten, dann brachten sie dem Verstorbenen Zweige aus dem alten, dem einstigen Garten, darin er seine Geliebte liebkost, mit seinen Kindern gespielt und mit seinen

Freunden getafelt haben mag. So waren Gärten die osiriani-
sche Verheißung für die Fortdauer des leiblichen Lebens,
wenn nur die Hinterbliebenen den Leichnam einbalsamieren
ließen. Der Einfluß auf spätere christliche Bräuche und
Gebräuche ist nicht zu übersehen. Die Gläubigen verzichteten
zwar auf die Einbalsamierung, bringen aber heute noch Blumen aus dem eigenen Garten auf die Gräber.

Wenn leibliches Leben und Garten in der ägyptischen Religion in so engem Zusammenhang gesehen werden, sagt das
etwas über ihr Menschenbild aus. Die Ich-Identität ist nicht nur
mit dem Körper verbunden, sondern auch mit der Seele. Der
Garten mit seinem Werden und Vergehen ist Ausdruck für das
Geheimnis der Seele. Die Gärten dienen im Totenkult der
Ägypter also als ein Symbol für etwas unbekanntes Psychi-
sches. Die Gartenvegetation stellte das psychische Geheimnis
dar von Tod und Auferstehung. »Dabei muß man sich vor
Augen halten, daß alle Vegetation in Wirklichkeit dadurch
gekennzeichnet ist, daß sie ihr Leben direkt aus der sogenannten ›toten‹ anorganischen Materie bezieht, aus Licht, Luft,
Erde und Wasser. Darum ist sie ein besonders passendes
Symbol für das Wunder, daß aus der ›toten‹ grobstofflichen
Materie direkt neues Leben entstehen kann. Nun besteht auch
die Leiche eines Menschen nur noch aus anorganischer Materie, und doch – so hoffte man – kann, wie das Bild der
Vegetation zeigt, auch aus ihr wieder eine lebendige ›Gestalt‹
erstehen.«[16]

Die Gärten der Götter

Golden war das Geschlecht der sprechenden Menschen,
das anfangs sie, die Todfreien, schufen,
die himmlische Häuser bewohnen.
Frucht brachte der nahrungspendende Boden
willig von selbst, nicht kärglich, gehäuft.
Und heiteren Herzens trieben sie friedlich ihr Werk,
begleitet von Gütern die Fülle.

Hesiod

Die ältesten uns bekannten Paradiese stammen aus dem Vorderen Orient. Von ihnen berichten der sogenannte akkadische Adapa-Mythos aus dem 15. vorchristlichen Jahrhundert, das sumerisch-babylonische Gilgamesch-Epos (12. Jahrhundert vor Christus) und die biblisch-hebräische Paradieserzählung des Jahwisten (aufgeschrieben im 8. Jahrhundert vor Christus). In allen drei Texten wird ein lange zurückliegendes Geschehen geschildert. Sie haben die Absicht, diese Geschichten als Ursprung einer gegenwärtig erfahrbaren Realität zu erweisen. Insofern handelt es sich um Ursprungsmythen, die allerdings nicht primär an der Schilderung von Gärten, sondern an der inneren und äußeren Geschichte der Menschen interessiert sind.

Gleichwohl ist es nicht unbedeutend, daß das Paradiesbild immer dann auftaucht, wenn man sich das überzeitlich-ewige Geschick des Menschen sinnlich nah ausmalen und erklären möchte. Der Garten und sein Verlust geben offenbar eine Wirklichkeit kund, in der sich jeder Zuhörer aus eigener Erfahrung wiederfinden konnte. Freilich muß man darauf hinweisen, daß sich die jahwistische Urgeschichte in 1. Mose 2 und 3 in ihrer mythenkritischen Tendenz erheblich von den anderen Paradiesen unterscheidet. Weil sie prägend auf Gartengestalt und Menschenbild unserer Kultur gewirkt hat und noch wirkt, verdient die jüdisch-christliche Paradiesvorstellung ein eigenes Kapitel, während der Adapa-Mythos, das Gilgamesch-Epos, die Paradiese Ägyptens und Griechenlands, das Goldene Zeitalter, die seligen Inseln, die Gärten der Hesperiden und das Elysium, aber auch das Arkadien der 4. Ekloge des Vergil die Paradiesgeschichten eröffnen sollen.

Es muß für eine symbolische Würdigung dieser Paradiesvorstellungen darauf hingewiesen werden, daß es dabei weniger um eine chronologische Darstellung der einzelnen Bilder oder mythischen Geschichten, sondern mehr um ihre zeitlos-typische Gestalt geht. Man kommt mit der »typischen« Betrachtung den mythischen Paradiesgeschichten übrigens am ehesten näher, denn innerhalb dieser Geschichten und Gärten tritt der Mensch in eine vorgegebene Ordnung ein, die er nicht schafft oder entwirft, sondern vorfindet und bewahren soll. Diese Ordnung beruht auf dem Prinzip der ständigen Erneuerung innerhalb eines dynamischen Gleichgewichtes von Gegensätzen: Wasser und Feuer, Wind und Erde, die vier Himmelsrichtungen, Oben und Unten, Geburt und Sterben, Leben und Tod, Suchen und Finden ergänzen einander in diesem Weltbild seit Ewigkeit. Es herrscht also in diesen mythischen Gärten zunächst eine Denkweise in »zyklischen Antithesen«[1], eine geradezu »paradiesische« Vorstellung von Zeit.

Dieses gartennahe Verständnis ist übrigens, wie Eugen Drewermann betont, auch der Bibel nicht fremd, die doch sonst meist die lineare Geschichte, den Fortschritt oder die Befreiung aus dem »mythischen« Kreislaufdenken betont. Als nämlich Gott nach der Sintflut beschließt, die Erde gegen menschliche Willkür zu bewahren, fallen Worte, die wie eine letzte Erinnerung an solch paradiesische Zeit anmuten: »Solange die Erde besteht, soll nicht aufhören Saat und Ernte, Frost und Hitze, Sommer und Winter, Tag und Nacht.«[2] Das klingt beständig, verläßlich und wiederholbar. Die Vegetation wird sich ebenso erneuern, wie der Tag auf die Nacht folgt. Hinter diesem Vertrauen in den garantierten Zeitlauf kommt das Verlangen nach unendlicher Wiederholung und immer erneuter Wiederkehr zum Ausdruck. Die Vergänglichkeit des erlebten Daseins wird gleichsam paradiesisch überwunden. Man möchte das gefährdete Leben in der Ordnung der ewigen Kreisläufe der Natur heiligen[3]. Gerade auf jüdisch-christlichem Hintergrund ist gegen die Zeitvorstellung in diesem paradiesisch-mythischen Denken manches gesagt und geschrieben worden. Man hat die Entdeckung einer linear-messianischen Geschichte als Befreiung aus dem Kreislauf eines neurotischen Wiederholungszwanges gefeiert. Nicht der Verewigung des Zeitlichen, sondern seiner Veränderung, Dynamik und damit seiner Vergänglichkeit galt das Interesse. Aber eine drohende zweite Vertreibung aus dem Garten Erde läßt heute nun doch nach Kräften der Kontinuität und Verläßlichkeit fragen; übrigens nicht nur, um die Ahnung eines paradiesischen Weltgefühls wiederzufinden. Denn die mythischen Paradiesgeschichten übermitteln neben einem Gefühl der Geborgenheit eher das Empfinden eines tragischen Verhängnisses. Am Beginn der mythischen Welterfahrung steht zumeist ein nicht zu sühnender Frevel der Vorzeit, zumindest jedoch ein tragisches Mißverständnis.

So hat zum Beispiel nach dem Adapa-Mythos der erste

Mensch Adapa (oder Adam), der im heiligen Bezirk des Wassergottes Ea am Persischen Golf lebt, eines Tages eine Auseinandersetzung mit dem Südwind:

»Der Südwind wehte und tauchte ihn unter,
in das Haus seines Herrn versenkte er ihn.
›O Südwind, du hast mir angetan alle deine Tücke;
den Flügel will ich dir brechen!‹
Sobald er das mit seinem Munde gesprochen,
wurde des Südwinds Flügel gebrochen.«[4]

Adapa wird nun zum Himmelsgott Anu gerufen. Er soll seine Tat rechtfertigen. Sein Vater Ea, ihm wohlgesonnen, warnt ihn: Adapa soll nicht von der ihm angebotenen Speise essen, weil sie den Tod bringen werde. Anu jedoch ist vom Anblick Adapas so angetan, daß er seinen Zorn über die Verletzung des Südwindes vollständig vergißt:

»Speise des Lebens holte man für ihn, aber er aß nicht.
Wasser des Lebens holte man für ihn, aber er trank nicht.«[5]

Die gutgemeinte Warnung des Vaters verhindert die paradiesische Existenz, die Adapa angeboten und die mit Wasser und Speise des Lebens umschrieben wird. Zeit und Geschichte sind also auch ein Geschehen, das seine Energie einem Mißverständnis und damit einer Verneinung verdankt. Und das verleiht diesen Mythen Tragik, ein Lebensgefühl, das dem neurotischen Zeiterleben von heute sehr nahe kommt: »Der Neurotiker erlebt, ganz wie in der Negativseite des mythischen Kreislaufs der Zeit, daß er, ohne es zu wollen, offenbar immer den gleichen Zwängen und Schicksalsschlägen ausgesetzt ist: immer wieder provoziert er unbewußt und unbemerkt die gleichen Widerstände, Konflikte und Ablehnungen, immer wieder erntet er dieselben Mißerfolge ...«[6] So verstanden, spiegelt der Kreislauf der Zeit nicht nur die Ordnung eines paradiesischen Anfangs wider, er greift zugleich auch ein Lebensgefühl auf, das sich in ständigem Kampf gegen die Vernichtung in der Endlichkeit zu behaupten sucht.

Das Lebensgefühl, sich gegen die Endlichkeit des Lebens wehren zu müssen, findet man ebenso im Gilgamesch-Epos: Der Überlieferung nach war Gilgamesch ein genußfreudiger und lebenslustiger König in Uruk, dessen Mutter sich schon früh bei Ischtar, der Tochter des Gottes Anu, beklagt, sie habe ihm ein ruheloses Herz gegeben, so daß er einen unbekannten, fernen Weg gehen müsse und einen schweren Kampf kämpfen wolle. Da dieser Kampf aussichtslos scheint, ist die Mutter besorgt. Aber Gilgamesch und sein Hirtenfreund Enkidu lassen sich nicht von ihrem Vorhaben abbringen. Ihr Gegner ist Huwawa, der Riese, eine Verkörperung des Bösen. Die beiden Helden besiegen Huwawa. Sie kehren im Triumph nach Uruk zurück. Als sich Gilgamesch zum Festmahl umzieht, erblickt ihn Ischtar, entbrennt in heftiger Liebe zu ihm, umwirbt ihn und möchte ihn zum Geliebten. Gilgamesch freilich lehnt die Werbung unter Hohngelächter ab, weil er sich daran erinnert, wie übel es den früheren Liebhabern der Ischtar ergangen ist. (Daß Ischtar hier als Femme fatale verspottet wird, weist auf einen Übergang von matriarchalischer zu patriarchalischer Lebensform hin, von der alle bekannten Mythen geprägt sind, soweit sie schriftlich vorliegen.)

Die Verschmähte sinnt auf Rache, beklagt sich beim Gott Anu, der »Himmelsstier« gegen Gilgamesch und Enkidu schickt. Der mordet viele Menschen. Als jedoch Enkidu den Stier am Schwanz zu fassen bekommt, kann Gilgamesch das Tier mit dem Schwert töten. Enkidu reißt dem Himmelsstier einen Schenkel aus und wirft ihn höhnend der Ischtar vor die Füße: »Dies ist der Höhepunkt im Lebenslauf der beiden Helden; aber es ist auch der Prolog einer Tragödie.«[7] Die Verletzung der Liebes- und Muttergöttin nämlich rächt sich. Enkidu träumt, daß sie ihn verurteilt, und tatsächlich wird er krank und stirbt nach zwölf Tagen.

Dieser Tod des Freundes verwandelt Gilgamesch. »Ohne die Liebe zu Enkidu hätte Gilgamesch nicht die glühende Lebensliebe erfahren, die ihn nicht nur für sich, sondern auch für die Männer von Uruk das ewige Leben so heiß ersehnen läßt.«[8] Er begibt sich daher auf eine lange Reise zu seinem Urahn, der vor der Sintflut lebte, gerettet und mit Unsterblichkeit beschenkt worden war. Seine Reise ist reich an initiatischen Prüfungen. Gilgamesch muß nicht nur durch ein von Skorpionen bewachtes Tor und durch einen finsteren Hohlweg. Er gelangt, ehe er ins Paradies kommt, zunächst auch in einen anderen wunderschönen Garten, der von der Nymphe Sidesi bewohnt wird. Sie möchte ihn bei sich behalten.

Hier haben wir bereits ein Gartenbild, das für die sinnlichen Genüsse des Menschen steht. »Du, Gilgamesch«, sagt die Nymphe denn auch, »fülle dir deinen Leib, ergötze dich Tag und Nacht. Als die Götter die Menschheit erschufen, teilten den Tod sie der Menschheit zu. Das Leben behielten sie für sich selbst.« Aber Gilgamesch erliegt nicht diesem Garten und seiner Versuchung, so daß die Nymphe ihn an den Fährmann weist, der ihn über die Wasser des Todes ins Paradies zu seinem Urahn bringt. Gilgamesch ist erstaunt, daß das Paradies kaum anders aussieht als seine eigene vergängliche Welt, obwohl es ziemlich wasserreich ist und viele Obstbäume besitzt. Lange redet er mit seinem Urahn, der Gilgamesch gern helfen möchte. Gilgamesch soll, nach den heroischen Proben der Reise, jetzt eine spirituelle Probe bestehen und sechs Tage und sieben Nächte wachen. Gilgamesch aber schläft ein und verpaßt dadurch die Chance der Unsterblichkeit. Die Frau des Urahns jedoch hat Mitleid mit Gilgamesch und beschwört ihren Mann, ihm auf dem Rückweg zu den Sterblichen jedenfalls das Kraut des Lebens mitzugeben. Dies Kraut allerdings schenkt nicht ewiges Leben, sondern nur neue Jugend. Gilgamesch muß aus dem Garten hinaus und in die Tiefen des Meeres tauchen. Er gewinnt das Kraut, doch als er auf dem Rückweg in einer Quelle badet, kommt eine Schlange, ißt das Kraut, wirft ihre Haut ab und verschwindet.

Der Weg des Gilgamesch zum Paradiesgarten beginnt also in dem Augenblick, in dem er seinen Freund verliert und die erste Todeserfahrung gemacht hat. Man kann auch sagen, daß das Bild des Gartens in dem Augenblick aufleuchtet, in dem für Gilgamesch die Gefahr deutlich wird, sein Leben im Garten Erde und in Uruk könnte begrenzt sein und zu Ende gehen. Am Beginn des Weges zum Paradies liegt also eine Krisenerfahrung, ein Trennungserlebnis. Tore, Garten und Todeswasser sind die Prüfungen, die auf dem Weg zum Paradiesgarten zu bestehen sind. Zugleich aber kann Gilgamesch nicht im Garten der Unsterblichkeit bleiben, obwohl daran festgehalten wird, daß dieser Garten existiert. Freilich, die Suche nach ihm ist lang und schwierig. Aber dominant bleibt doch der dramatisierte »Bericht einer mißlungenen Initiation«[9]. Damit steht der Paradiesgarten des Gilgamesch-Epos eher für die Grenze menschlicher Möglichkeiten, oder anders ausgedrückt: Der Abstand dieser Göttergärten zu den Wohnungen der Menschheit erweist sich als unüberwindbar.

Sehr viel lichter als die mesopotamischen Gartenvorstellungen präsentieren sich die ägyptischen Gärten. So erwähnt Friedrich Schnack die Darstellung eines Gartens auf einem Grab in Theben, der ganz quadratisch angelegt ist, ebenso wie die Basisflächen der Pyramiden: »Genau in der Mitte des Grundstücks liegt die aus Pergolen bestehende Rebpflanzung, die den Längsweg zum Haus beschattet. Eine Zinnenmauer umschließt den Garten, ein Tor führt zu einem freien Platz. Rings um die Innenmauern ziehen sich Baumalleen und Wege. Eingebettet in den Gartengrund liegen in regelmäßigen Abständen vier Teiche, auf denen Wassergeflügel schwimmt...«[10] In der Mitte der ägyptischen Gärten findet sich häufig eine Sykomore, eine der vielen Feigenarten. Hathor oder Isis, die Göttinnen, sind die Beschützerinnen der Sykomore. Sie wohnen in ihrem Wipfel oder in ihrem Stamm. Im Schatten des Baumes genossen einst Liebende ihre Liebe, denn Hathor war der griechischen Göttin Aphrodite vergleichbar. Wegen des breiten Daches heißt die Sykomore auch die »Schutzgewährende«.

Nicht jeder Ägypter freilich hatte einen eigenen Garten. Die Darstellung aus Theben fand sich denn auch am Grab eines reichen Offiziers. Der freilich nahm, wie schon Seite 17 erwähnt, seinen Garten mit zum Herrn des Totenreiches. Eigentlich war die Einkehr in diesen Todesgarten nichts anderes als eine Wiedergeburt im richtigen Garten. Denn »seit Anbeginn der Zeiten fanden die Ägypter das Leben an den Ufern des Nils sehr kurz und vor allem trügerisch. Sie wußten, daß das einzige wirklich wahre Leben das ewige Leben war und daß dieses Leben für sie in dem Augenblick beginnen würde, wo sie in der Unterwelt zum zweiten Mal geboren würden.«[11] Daher bleibt für den Ägypter das Bild des Gartens, ob irdisch oder himmlisch, ganz ungetrübt, weil es wesentlich keinen Tod gibt. Im Jenseitsland der Seligen wird der nunmehr Gerechtfertigte »jene Paradiese erleben, von denen er so oft geträumt hat, seit er sich von seiner Kindheit losgerissen hat – an den Ufern des tiefblauen Nils, des ›göttlichen Flusses‹. Er sieht im Ägypten der Toten jenen anderen Nil fließen, den himmlischen Nil, und er sieht die Matten und Wiesen, die sich ebenso grün durch die Welträume ziehen wie die Obstgärten Thebens.«[12]

Diese Gartenverwandtschaft erlaubt es dem Ägypter, den Glauben an ein ewiges Paradiesleben nicht als Gegensatz zu den Freuden des irdischen Lebens zu verstehen. Man verwirft nicht die irdischen Gärten, um die jenseitigen um so mehr verherrlichen zu können. Eugen Drewermann, dem wir diese Einsicht verdanken, folgert ganz richtig: »Nicht die Verzweiflung an der Welt, wohl aber die Freude am Leben veranlaßte den Ägypter, an die Unzerstörbarkeit des Daseins zu glauben.«[13] Es fehlt jeder Geschichtspessimismus, so daß man die harmonische Perspektive ägyptischer Religiosität wohl mit der Nähe des Ägypters zur gärtnerisch gestalteten Natur, wie sie im Nildelta so wichtig war, erklären kann. Erst an der Einheitsschau ägyptischer Gartenfrömmigkeit versteht man, daß bereits der Gang der gärtnerisch gestalteten Natur den Gedanken der Auferstehung nahelegen konnte, sozusagen in sinnlicher Evidenz. Es ist deshalb auch kein Zufall, daß die Auferstehungsgeschichten der Evangelien als Ort zunächst einen Garten wählen.

Hieran erinnert auch der alte orientalische Brauch der Adonisgärten, der bis in dies Jahrhundert in Süditalien noch üblich war. In Adonis, oder ägyptisch in Osiris, verdichten sich die erfahrbaren Hinweise auf Tod und Wiedergeburt des Lebens. Den Brauch der Adonisgärten beschreibt Frazer so: »Dies waren Körbe oder Töpfe mit Erde, in die Frauen Weizen, Salat, Fenchel und verschiedene Arten von Blumen säten und acht Tage lang pflegten. Von der Sonnenhitze begünstigt, schossen die Pflanzen rasch empor. Da sie indessen keine Wurzeln hatten, welkten sie ebenso rasch dahin und wurden nach acht Tagen mit den Bildnissen des Adonis hinausgetragen und mit ihnen in die Quellen oder ins Meer geworfen. In Sizilien werden Adonisgärten noch im Frühling und Sommer gesät, woraus wir schließen dürfen, daß sowohl Sizilien als auch Syrien einst ein Frühlingsfest des toten und auferstandenen Gottes feierten. Wenn Ostern herannaht, säen sizilianische Frauen Weizen, Linsen und Kanariensamen auf Teller, die sie im Dunkeln aufheben und alle zwei Tage begießen. Bald schießen die Pflanzen empor. Die Stengel werden mit roten

Bändern zusammengebunden, und die Teller, auf denen sie wachsen, werden auf die Grabmäler gestellt, die mit den Bildnissen des toten Christus in katholischen und griechisch-katholischen Kirchen am Karfreitag aufgebaut werden, gerade so wie die Adonisgärten auf das Grab des toten Adonis gestellt wurden. Die Sitte ist nicht auf Sizilien beschränkt. Sie wird auch in Cosenza in Kalabrien beobachtet und vielleicht an anderen Orten auch. Der ganze Brauch – die Grabmäler und auch die Teller mit grünendem Getreide – mag nichts sein als eine Fortsetzung der Adonisverehrung unter einem anderen Namen.«[14] Diese Adonis-Osirisgärten, die im christlichen Brauch bis in unser Jahrhundert fortlebten, zeigen, was man sich theologisch selten wirklich klarmacht, »daß nicht nur in einzelnen Details und Motiventlehnungen, sondern in der ganzen Struktur und Architektonik die Erlösungslehre des Christentums die Vorstellung der Osiris-Religion teilt«[15].

So steht der Garten der Ägypter mit seiner in die Erde gelegten Saat und ihrem Keimen für Tod und Auferstehung, ganz so wie es später das Johannesevangelium aufnimmt, um Tod und Auferstehung Jesu zu deuten: »Wenn das Samenkorn nicht in die Erde fällt und stirbt, bleibt es allein. Wenn es aber stirbt, bringt es vielfach Frucht.«[16] Der Garten mit seinem vegetativen Geschehen verbindet über lange Zeiträume hinweg und gibt die sinnliche Möglichkeit, von Tod und Auferstehung anschaulich, das heißt der Seele verständlich, zu reden.

Die Paradiese Mesopotamiens und Ägyptens liegen zwar jenseits, aber zugleich doch in der Welt, nämlich an ihrem Anfang oder an ihrem Ende. »Es war für das Bewußtsein des antiken Menschen nichts Widersinniges an dem Gedanken, daß solch ein Jenseits gleich neben den Wohnungen der Menschen und im Notfall allerdings erreichbar war.«[17]

Bei den Griechen hingegen fällt auf, daß die Gärten räumlich und auch zeitlich weit entfernt liegen. Griechenland hat mehrere Seelenreiche dieser Art gekannt. Zeitlich gehören sie, wie Hesiod berichtet, in das Goldene Zeitalter. Gold ist ein besonderer Stoff. Die Ägypter bereits schrieben den Göttern goldenes Fleisch zu. Weil das Gold an das Leuchten von Sonne, Mond und Sterne erinnert, kann es die direkte Verbindung des Kosmischen zum Erdenleben symbolisieren, wie umgekehrt der Goldträger in die Transzendenz hineinreicht[18].

27

»Golden war das Geschlecht der sprechenden Menschen,
das anfangs sie, die Todfreien, schufen,
die himmlische Häuser bewohnen.
Frucht brachte der nahrungspendende Boden
willig von selbst, nicht kärglich, gehäuft.
Und heiteren Herzens trieben sie friedlich ihr Werk,
begleitet von Gütern in Fülle.«[19]

Dies klingt wie eine Beschreibung des Schlaraffenlandes,
und tatsächlich ist der Volksschwank das komisch klingende
Echo dieser erhabenen Sprache, wobei die gängigen Paradiesvorstellungen von heute eben an Hesiods Goldenem Zeitalter
und nicht an der jahwistischen Paradieserzählung der Genesis
gebildet sind.

Erst später und an anderer Stelle erwähnt Hesiod neben der
Zeit nun auch den Ort, der übrigens ebenfalls die Aura eines
schlaraffenlandartigen Paradieses enthält: Es sind die Inseln
der Seligen, vergleichbar dem »Garten der Götter« des Euripi-
des, »des Phöbos alter Garten« des Sophokles, dem Elysium
von Homer oder dem Garten der Hesperiden. So heißt es von
den Inseln der Seligen, daß dort die Erde dreimal im Jahr
fruchtbar ist, ohne bebaut werden zu müssen. Die Früchte, die
man dort erntet, schmecken süß wie Honig. Hier klingt an,
daß der Mythos vom Goldenen Zeitalter »einer Tradition der
Stammesanbetung der Bienen-Gottheit«[20] entsprang, was einmal mehr auf den matriarchalen Hintergrund dieser griechischen Paradiesvorstellungen hinweist. Wie ja auch der älteste
erhaltene Satz im vorhomerischen Griechisch lautet: »Der
Herrin des Labyrinthes Honig«. Mit dieser Zeile eines Tontä-
felchens aus dem kretischen Knosses beginnt »unsere europäi-
sche Religionsgeschichte überhaupt«[21]. Wir kommen darauf
noch zurück, wenn wir uns dem fälschlich als Irrgarten bezeich-
neten Labyrinth zuwenden.

Zwei weitere Ortsbeschreibungen des griechischen Paradie-
ses finden wir in der Erzählung vom Elysium und von den
Gärten der Hesperiden. Das Elysium wird bei Homer nicht
Odysseus, wohl aber Menelaos in Aussicht gestellt:

»Aber dir bestimmt, o Geliebter von Zeus, Menelaos
Nicht das Schicksal den Tod in der rossenährenden Argos.
Sondern die Götter führen dich einst an die Enden der Erde,

In die elysische Flur, wo der bräunliche Held Radamantys
Wohnt und ruhiges Leben die Menschen immer beseligt.«[22]

Warum kommt ausgerechnet Menelaos dorthin nach
Westen in die elysische Flur? »Weil du Helena hast, und Zeus
als Eidam dich ehret.« Menelaos ist, wie van der Leeuw es
ausdrückt, »im Besitz eines außergewöhnlichen Geschlechts-
manas«[23]. Der Zusammenhang von erotischem Nimbus und
paradiesischer Wohnung ist deutlich.

Das gilt denn auch für den dritten, ebenfalls im Westen
gelegenen Garten der Hesperiden (Hesperos ist der Abend-
stern). Dieser Garten war ein Obstgarten, vor allem zierten
ihn Apfelbäume mit goldenen Äpfeln. Die Mutter Erde hatte
der Hera einen solchen Apfelbaum einst geschenkt. Er wurde
von den drei Töchtern des Atlas, den drei Hesperiden, und
dem ewig wachsamen Drachen Ladon gehütet. Die goldenen
Äpfel waren übrigens ein Hochzeitsgeschenk. Sie waren also
Beigaben zu einem Ereignis, durch das Gott und Göttin mit
ihrer Heiligen Hochzeit die Fruchtbarkeit der Erde garantie-
ren und erhalten sollten. Die goldenen Äpfel der Hesperiden
galten denn auch als Symbol der immer wiederkehrenden
Fruchtbarkeit des Gartens und der Erde. Darin waren sie
zugleich ein Symbol der Unsterblichkeit, weshalb noch in
Märchen die Prinzessinnen goldene Äpfel als Liebesgabe von
den Märchenhelden fordern. Die Helden beweisen damit, daß
sie an der Liebe, an der Fruchtbarkeit, aber auch an der
Vergänglichkeit teilhaben, die in diesen Äpfeln stecken.

Dasselbe gilt auch für die Geschichte vom Urteil des Paris,
bei dem ein Held aufgefordert wird, zwischen dem rivalisie-
renden Charme dreier Göttinnen zu entscheiden und seinen
Apfel der Schönsten zuzusprechen. Robert von Ranke-Graves[24] vermutet auch hinter dieser Szene eine rituell-archaische
Situation. Die drei Göttinnen sind nämlich eine dreifaltige
Gottheit: Athene, das Mädchen, Aphrodite, die Nymphe, und
Hera, die alte Frau. Es wird eher Aphrodite gewesen sein, die
Paris den Apfel gab, und nicht umgekehrt, denn die Liebe
ging von den Frauen aus. Erst eine spätere Fassung verlegte
die Aktivität auf die männliche Seite. Auch hier symbolisiert
dann der Apfel die Liebe, die Paris sich für den Preis seines
Lebens erkauft. Der Apfel ist sozusagen der Paß zu den

Gefilden, zu denen nur den Seelen der Helden Eintritt gewährt wird.

Alle diese Gärten und seligen Paradiese liegen für die Griechen im Westen. Dort nämlich geht die Sonne unter, dort legt man die heiligen Haine für die Toten an, dort tritt dem Toten die schön gelockte Frau »Westen« freundlich entgegen[25].

Die Gärten der Hesperiden freilich begegnen in der griechischen Mythologie nicht unberührt oder ungetrübt, denn um sie geht es bei der »elften Arbeit« des Herakles. Der nämlich wollte diese Äpfel aus dem Garten rauben. Gegen Herakles half auch nicht die feste Mauer, die Atlas um den Garten gebaut hatte. Nicht nur, daß Herakles den Drachen mit einem Pfeilschuß über die Mauer tötete. Er wandte auch die folgende List an: Er nahm Atlas zunächst die schwere Last der Himmelswölbung ab. Als Gegengabe sollte der dann die drei Äpfel dem Auftraggeber des Herakles bringen. »Atlas ging fort. Bald kehrte er mit drei Äpfeln zurück, die seine Töchter gepflückt hatten. Er fand das Gefühl der Freiheit berauschend. ›Du kannst dich darauf verlassen, daß ich diese Äpfel selbst zu Eurystheus (dem Auftraggeber) bringen werde‹, sagte er, ›wenn du den Himmel noch einige Monate länger tragen willst.‹ Herakles gab vor, zuzustimmen, doch da ihn Nereus davor gewarnt hatte, ein solches Angebot anzunehmen, bat er Atlas, den Himmel noch für eine Minute zu tragen, damit er sich ein Kissen auf den Kopf legen könne. Atlas, leicht getäuscht, legte die Äpfel auf den Boden und nahm seine Last wieder auf. Herakles hob sie auf und zog mit einem ironischen Lebwohl von dannen.«[26] Was hier als Raub aus einem Garten geschildert wird, der der mütterlichen Göttin Hera gehört, nennen andere griechische Mythen schlicht Gewalt.

Frank Borkenau hat zum Beispiel an der Ödipus-Sage nachgewiesen, daß diese ursprünglich nicht, wie Freud und andere annahmen, das Inzestmotiv zum Schwerpunkt gehabt hat. Sie handelte eigentlich von einem anderen Verbrechen: Ödipus hat Jokaste zur Ehe gezwungen. »Das ist das Urverbrechen des Ödipus. Denn die Magna Mater, deren Gestalt die Hera und deren Verkörperung die Priesterin-Göttin Jokaste ist, ist ja aller Menschen Mutter...«[27] Wer ihr Gewalt antut, der vergeht sich also zugleich an der Mutter Erde. Ähnliches läßt sich auch noch an der Gartengeschichte der Hesperiden-Äpfel ablesen. Der Garten repräsentiert hier den Zustand einer mit der Göttin Erde geeinten Lebensweise. Deshalb wird er auch mit seinen goldenen Äpfeln, den Apfelsinen, als Geschenk empfunden. In diesen schönen Garten bricht mit Gewalt und List Herakles ein. Er muß, auch wenn er den Auftrag schicksalhaft von einem anderen hat, die Gartenäpfel besitzen. Der Einbruch in den Göttergarten signalisiert also einen Übergang: »So tief ich auch bohre«, sagt Hildegunde Wöller in einem Vortrag über den Patriarchen und andere Bilder vom Mann, »immer kommt das Besitzmotiv zum Vorschein und das Bewußtsein, etwas erobert zu haben...«[28] Borkenau sah es vor vierzig Jahren neutraler. Für ihn bildet der Einbruch in den Göttergarten den typischen, gewissermaßen selbstverständlichen Grundkonflikt einer matriarchalen Gesellschaft, in der die Mutter den Sohn an der Entwicklung zur Selbständigkeit hindert. »Es bedarf keines Beweises mehr, daß sich dieser Konflikt, vom Sohn her gesehen, auf oraler Basis (die Äpfel, Anm. W. T.) abspielt, daß ihm die ambivalente Auffassung der Mutter als der nährenden und als der tötenden entspricht. Von der Mutter her gesehen, sieht es ganz anders aus; da besteht eine Ordnung, die die höchste Entfaltung der weiblichen Genitalität auf Kosten der Zurückhaltung der Entwicklung der männlichen durchsetzt. Die Geschlechter kämpfen also miteinander um das Recht auf vollentfaltete Genitalität, und dieser Geschlechterkampf, primär in der Mutter-Sohn-Beziehung verwurzelt, ist geschichtlich und genetisch archaischer als der Generationskonflikt zwischen Vater und Sohn.«[29]

Wie auch immer es sein mag: Der Garten hat unter diesem Einbruch gelitten, wenngleich er als Inhalt der Sehnsucht, vor allem beim menschlichen Rückgang zur Mutter Erde – beim Tod –, bestehen geblieben ist. So begegnen wir am Ende in den mythischen Paradies- und Gartengeschichten noch einmal dem Motiv des Todes, aber auch der Wiedergeburt. Daß dies nicht ohne erotische Komponente ist, klingt zuweilen an, weist aber auch bereits auf spätere »Gärten der Liebe« hin wie das muslimische Paradies, das eine von Männerphantasie beflügelte Gegend ist. Gärten spielen in der islamischen Religion und Kultur sowieso eine große Rolle. Sie zeichnen sich, darin ähnlich dem Edenparadies, durch eine vierstromige Anlage aus, wie sie auf persischen Gebetsteppichen häufig zu sehen ist: »Sie (die Frommen, die in das Paradies eingegangen sind) liegen auf Betten, die mit Brokat gefüttert sind. Und die Früchte der Gärten hängen tief (so daß man sie leicht pflücken kann). Welche von den Wohltaten eures Herrn wollt ihr denn leugnen? In den Gärten befinden sich, die Augen (sittsam) niedergeschlagen, weibliche Wesen, die vor ihnen (das heißt vor den männlichen Insassen des Paradieses, denen sie nunmehr als Gattinnen zugewiesen werden!) weder Mensch noch Dschinn entjungfert hat. Welche von den Wohltaten eures Herrn wollt ihr denn leugnen? Sie sind (so strahlend schön), wie wenn sie (aus) Hyazint und Korallen wären.«[30]

So stehen die paradiesischen Gefilde für zweierlei: Einmal beschreiben sie – sei es räumlich oder zeitlich – den herrlich geschützten Baumgarten, in dem Unsterblichkeit, und das heißt ewig psychische Energie, zu finden ist, andererseits jedoch steht der Garten auch für die Möglichkeit des »Einbruches«, des »Raubes« oder auch der gescheiterten Initiation, vielleicht aber auch der größeren Bewußtwerdung. Erwähnten wir anfangs seinen Wandlungscharakter vom Tod zum Leben, so erfahren wir an diesen Paradiesen eher eine Kreisbewegung: vom Leben über die Zerstörung zur Wiedergeburt.

Die römischen Paradiese fallen freilich hinter diese Bewegung zurück. Ovid sucht zum Beispiel den Kronos-Mythos der Griechen ins römische Geschichtsbewußtsein der augusteischen Epoche umzuwandeln. Sein Goldenes Zeitalter klingt arg nach urgeschichtlicher Idealisierung, um es mit der Hoffnung auf ein zukünftiges Zeitalter zu verbinden, in der die Pax Romana – der von Stärke und soldatischer Sicherheit garantierte Friede – herrschen wird:

»Selbst die Erde, vom Dienste befreit,
nicht berührt von der Hacke, unverwundet vom Pflug,
so gewährte sie jegliche Gabe.
Und die Menschen,
zufrieden mit zwanglos gewachsenen Speisen,
sammelten Früchte des Erdbeerbaums.
Ewiger Frühling herrschte,
mit lauem und freundlichem Wehen
fächelten Zephyrlüfte die Blumen,
die niemand gesäet.«[31]

Den Blick nach vorn, in ein zukünftiges paradiesisches Idyll, richtet der Römer Vergil. In seinen Hirtengedichten spricht er von einer kommenden Zeit, in der ein göttliches Kind geboren werden soll. Ort des Geschehens sind waldähnliche Parkanlagen. Vergil stattet sie mit schöner Phantasie aus. Er erfindet auch noch einen gartenähnlichen Bereich hinzu, in dem Schäfer und Schäferin in paradiesischer Unschuld leben sollten: Arkadien. Daß Vergil dies Land der Schäfer und Schäferinnen, der Liebe und der Dichtung besang, hatte politische Gründe, denn nach den Wirren des Bürgerkrieges sehnte man sich nach Ruhe und Geborgenheit. Es ist bedeutsam genug, daß Vergil diese Sehnsucht nach Frieden bereits zum Ausdruck brachte, als Augustus eben begann, in das politische Geschehen einzugreifen.

Sehr kritisch meint Bruno Snell dazu: »Wenn er in der 4. Ekloge von der Geburt eines Knaben den Anbruch einer seligen Zeit erwartete, so hoffte er auf ein Wunder. Damit läßt er von vornherein außer Betracht, was die Politik ins Irdische verstrickt und was doch notwendig zu ihr gehört: daß sie die Macht einsetzen muß, um ihre Ziele zu erreichen. Damit bricht aber das politische Denken auseinander in Ideologie und Realpolitik.«[32] Snell mag in seinem 1945 geschriebenen Urteil damit recht haben, daß noch nie vor Vergil das Bild vom Goldenen Zeitalter so eng mit der geschichtlichen Wirklichkeit verknüpft gewesen ist. Aber selbst bei Vergil muß das Bild nicht nur politisch reaktionär oder psychisch ausschließlich regressiv gelesen werden. Die Rede vom »göttlichen Kind« klingt nur dann wie ein außerpolitisches Wunder, wenn man sie unter den verstandeseinseitigen Kategorien einer historisch-kritischen Geschichtswissenschaft liest. Sie hat auch innovative Kraft, wenn man sie als ein archetypisch im Zeitgefühl sich regendes Bild ansieht[33]. So könnte es auch eine Kritik an den Großmachtplänen des Kaisers sein, weil das Symbol des Kindes und damit des Paradieses immer dann innerlich notwendig wird, wenn das, wovon man erlöst werden muß, gerade in einem zwanghaften Großseinwollen besteht. Arkadien wird im Bild des utopischen Raumes ja auch zur Metapher für einfache, edle Gesinnung, musische Empfindsamkeit und dichterisch-künstlerisches Schaffen.

Auf jeden Fall verlassen die römischen Paradiesvorstellun-

gen die geographische und zeitliche Bestimmung ihrer Vorgänger. Als zeitlos-entrückte Bezirke der Tugend und des Glücks
setzen sie vielleicht psychische Energien der Verwirklichung
frei, zugleich aber geben sie auch die Möglichkeit eines Rück-
zuges in das Idyll. Sie sind damit zu Symbolen einer ursprünglichen Glückseligkeit geworden. Man glaubte sogar, diese Symbolik ursprünglicher Glückseligkeit auf alle anderen Paradiesvorstellungen übertragen zu können. Das gilt neuerdings
besonders für das Interesse an einer tiefenpsychologischen
»Umkreisung« des »Urbildes« Paradies. Man behauptet sogar: »Dieses ›Goldene Zeitalter‹ entspricht weitgehend der
jüdisch-christlichen Vorstellung vom Paradies, das dem Menschen verlorenging.«[34] Man meinte dann, den vor einigen
Jahren auftauchenden Hang zur Nostalgie ebenfalls von daher
verstehen zu können: »Das Ziel nostalgischen Sehnens ist also
letztlich ein Zustand, der in der Vorstellung vom Paradies
seinen symbolischen Ausdruck findet.«[35] Dieser Vermutung
wäre zuzustimmen, wenn sie sich nur auf die römische und die
dahinterliegende griechische Vorstellung vom »Goldenen
Zeitalter« beschränken würde. Denn die haben in der Tat
unsere Paradiesvorstellungen nachhaltig beeinflußt bis hin zu
den Urlaubs- und Tourismuswünschen. In den paradiesischen
Glücksvorstellungen der römischen Gesellschaft spiegelt sich
denn auch, ebenso wie heute in den paradiesisch blauen
Strandbildern der Tourismuskataloge, ein auf Flucht angeleg-
tes Verhältnis zur tatsächlichen Lebenssituation. Diese Funk-
tion des Gartens jedoch, eine schlechte Realität erträglich zu
machen, findet man in der Paradiesgeschichte der Genesis
kaum wieder, wenngleich sie vielleicht zuweilen dafür miß-
braucht worden ist.

Der Garten Eden

Gott der Herr pflanzte einen Garten in Eden gegen Osten
und setzte den Menschen darein, den er gebildet hatte.
Und Gott der Herr ließ allerlei Bäume aus der Erde wachsen,
lieblich anzusehen und gut zu essen,
und den Baum des Lebens mitten im Garten,
und den Baum der Erkenntnis des Guten und des Bösen.

1. Mose 2,8f.

Um die Paradies- und Sündenfallgeschichten in Kapitel 2 und 3 des 1. Buches Mose (Genesis) zu verstehen, sollen einige kurze Hinweise über den Stand der alttestamentlichen Forschung gegeben werden. Wahrscheinlich, so nimmt man an, hat Israel die Vorstellung vom Paradies erst im Kulturland bei den Kanaanäern kennengelernt. Dort war der Gottesgarten bekannt, der Lebensbaum und das Lebenswasser. Die zweite, vom ersten Schöpfungsbericht in Genesis 1 sehr verschiedene, Erzählung von der Schöpfung des Menschen im Garten Eden (Genesis 2,5–3,24) und seinem Sündenfall stammt aus einer älteren Schrift, deren Verfasser als Jahwist bezeichnet wird, weil er vom Gott Israel meistens unter seinem Eigennamen Jahwe redet. Die Geschichte vom Paradies, die uns beschäftigt, wird also von der Forschung heute einmütig dem Jahwisten zugeschrieben, datiert wird ihre Abfassung ins 10. bis 8. Jahrhundert vor Christus, in die Zeit der salomonischen Aufklärung oder kurz danach, einer Zeit, in der viele alte sakrale Überlieferungen in die Krise geraten waren. In der Krise also greift man auf das Gartenbild zurück.

Es ist ein Irrtum, zu meinen, daß nach jüdisch-christlicher Vorstellung Mensch und Garten von Anfang an zusammengehören. Geschaffen wurde der Mensch außerhalb des gärtnerischen Gebildes: »Es war am Tage, da Jahwe-Elohim Himmel und Erde machte. Noch gab es kein Gesträuch des Feldes auf Erden, und noch war kein Kraut des Feldes hervorgesproßt...« Allerdings gehört Adam zur Adama, gehören Mensch und Erdboden auch sprachlich zusammen, was den folgenden Erzählungen in Genesis 2 und 3 ihren gemeinsamen »Grund« gibt. Die Erzählung, die erst spät zu einer literarischen Einheit zusammengefunden hat, zeigt manche Ungereimtheiten. Es ist, als ob man sich in einen Garten begibt, in dem manches kreuz und quer gewachsen, manches von weither geholt und dort angepflanzt, manche Pflanze aber auch veredelt wurde und manches Tier noch unbekannt war. Die Gartengeschichte in Genesis 2 und 3 hat deswegen schon in ihrer jetzt vorliegenden Form etwas von ihrem Gegenstand: Sie ist selber Garten, wild zum Teil, gezüchtet, beschnitten und vom Gärtner in eine für ihn wichtige Form gebracht.

Auffällig ist, daß dieser Garten erst entsteht und benannt wird, nachdem zuerst eine Reihe von Negationen gegebener

Ordnungen zu lesen war. Schon dies weist darauf hin, daß der Garten etwas ist, das erst (mühsam) geschaffen werden muß. Er ist noch nicht gleich am Anfang da. Es muß zunächst ein Ort und ein Zeitpunkt gesetzt werden, an dem die Weltzeit entsteht, die der gegenwärtigen Erfahrung und den gegenwärtigen Existenzbedingungen entspricht[1]. Das kann man übrigens auch in einem bisher noch nicht genannten babylonischen Weltschöpfungsepos (Enuma elisch) beobachten. Dort heißt es zu Beginn: »Als droben der Himmel nicht genannt war, drunten die Feste einen Namen nicht trug ... das Strauchwerk sich nicht miteinander verknüpfte, Rohrdickicht nicht zu sehen war, als die Götter nicht existierten, niemand, der sie mit Namen genannt, Geschicke ihnen nicht bestimmt waren, da wurden die Götter in ihrer Mitte geschaffen.« Also auch im benachbarten Babylon begegnet die Notwendigkeit der Verneinung erfahrbarer Ordnung, um eben diese Ordnung erst recht möglich zu machen. Erst wenn man das Chaos kennt, kann man von Schöpfung reden, was dazu führt, daß selbst dem dunklen Chaos etwas abgewonnen werden kann, weil es eben der Schöpfung vorausgeht. Es ist eine Dunkelheit, die Folgen und Möglichkeiten hat, und nicht eine Dunkelheit des absoluten Endes aller Zeiten[2].

Im Unterschied jedoch zu dem babylonischen Mythos legt der Jahwist den Keim des Werdens nicht geheimnisvoll in die Dunkelheit des Chaos. Er benennt sozusagen einen Töpfer oder Gärtner, einen, der formt und pflanzt. Nur hier, wo der große Töpfer und der Pflanzer vorgestellt werden, begegnet im Hebräischen der Doppelname Jahwe-Elohim, so als müsse man alle göttlichen Kräfte versammeln, damit Mensch und Garten entstehen können. Aber der Mensch, Adam, dessen enge Verbindung zum Erdboden (Adama) auch etymologisch gesichert wird, entsteht nicht im Garten. Adam stammt von außerhalb des Gartens. Adam, das Synonym für die »Menschheit«, ist das Ergebnis einer vom göttlichen Willen zusammengefügten Materie aus Staub, Feuchte und Anhauch. Diese hauchdünne Lebenskraft verweist darauf, wie verletzlich und darum schutzbedürftig dies Menschenwesen ist, eine Tatsache, auf die im Konzert altorientalischer Mythen nur die Genesis im Aussagezusammenhang von Schöpfung hinweist[3]. Sollte der jahwistische Erzähler sein Werk am Hofe Salomos geschrieben haben, »so läßt sich von Anfang an kein schärferer Kontrast zu jeder Art politischer oder humanistischer Selbsterhöhung denken«[4].

Zuerst gebraucht der Autor der Paradiesgeschichte für die Formung des Menschen aus nichtigem Material das Bild des Töpfers. Dann aber kündigt sich für die Belebung mit göttlichem Anhauch bereits das Bild vom Pflanzer an und vom Lebensraum, der benötigt wird, damit sich Adam entwickeln kann. Wer, wie Adam, in den Garten Eden versetzt und »gepflanzt« wird, sieht sich daran erinnert, wie verwurzelt er zugleich ist. Pflanzen sind ja in gewissem Sinn die unfreiesten Lebewesen, weil sie sich nicht von der Stelle rühren können. Aber es kündigt sich in diesem Bild bereits die Ahnung an, daß Pflanzen ausgerissen werden könnten, daß also der Mensch seine Verwurzelung im Garten verliert. Denn das liegt dem jahwistischen Erzähler nun sehr am Herzen: Er möchte die ursprünglich selbständigen Kapitel 2 (Gartenschöpfung) und 3 (Gartenfrevel) zu einer Einheit zusammenfassen. Auch hier also begegnet am Bild des Gartens wieder, was wir bereits in den altorientalischen und griechischen Vorstellungen fanden: Der Garten ist beides, Ort der Bestimmung oder Kultur und Ort eines Einbruchs oder einer Vertreibung.

Ursprünglich handelte es sich beim »Garten in Eden« gar nicht um einen Gottesgarten, sondern schlicht um einen für die Menschheit bestimmten Frucht- und Obstgarten. Das sollte der angemessene Lebensraum des Menschen sein. Es ist der Inbegriff eines guten, dem Bauern und Gärtner erwünschten Landes, ein Platz auf Erden, den Adam zu bebauen und zu bewahren hat.

Wo aber befindet sich dieser Ort? Zunächst ist der Erzähler mit seiner Richtungsangabe »gen Osten« daran interessiert, nicht von einem Wolkenkuckucksheim zu reden, wenn er an den Garten denkt. Er hat das Paradies irdisch lokalisiert. Zwei von den Paradiesströmen (Euphrat und Tigris) kennen die Leser ja auch mit Namen. Ebenso muß man aber auch sagen, daß eine geographische Lokalisierung des Gartens auf Grund der Textangaben gar nicht möglich, vielleicht gar nicht beabsichtigt ist, denn östlich von Palästina liegt die arabische Wüste. Das bedeutet, der Ort ist unzugänglich, so daß man mit Karl Barth die Ortsangabe »gen Osten« so zusammenfassen kann:

»Es war ein wirklicher Ort auf der wirklichen Erde, fern und einzigartig allen anderen irdischen Orten gegenüber und doch mit ihnen in Beziehung auf *einer* Ebene, so daß der wirkliche Mensch auf der wirklichen Erde dort sein konnte und es bis heute nicht übersehen, nicht vergessen kann, immer daran denken muß: es gab und gibt im Bereich aller anderen, der bekannten irdischen Orte, auch diesen unbekannten, außer den erreichbaren auch diesen unerreichbaren, außer seinem eigenen auch diesen für ihn verlorenen Ort, und eben dieser ist seine Heimat.«[5] Man kann sich also an ihm, der gen Osten im Orient liegt, »orientieren«. So kommt das Licht einmal mehr von Osten.

Was Barth am Beispiel der Ortsangabe des Gartens in paradoxer Wort- und Satzform zum Ausdruck bringt, versucht später die Psychoanalyse in noch besser nachvollziehbare Beziehung zu setzen. Sie spricht vom Garten als einem »Symbol der Individuation«[6], das sich vom Unbewußten her in der Seele des Menschen konstellieren möchte. Damit vermeidet Jung die Vorstellung, als sei das Paradiesfeld immer eine ursprungsselige, regressive Phantasie, wie Freud und seine Schüler religionskritisch und zum Teil mit Recht behaupten. Wer das Bild vom Paradies und der Erschaffung des Menschen kausal auf das Mutter-Kind-Verhältnis zurückführt, muß das Paradiesbild als eine, zwar verständliche, Sehnsucht nach Wiedervereinigung mit der Mutter interpretieren, eine Art Infantilismus. Das Gegenteil ist der Fall. Mag man sich auch zur Mutter zurücksehnen, so lenkt das Symbol des Gartens die regressive Tendenz doch gerade von der Gestalt der Mutter ab und den Aufgaben der Lebensbewältigung zu[7]. Symbole funktionieren als »Umformer«[8]. Der Garten eröffnet größere Perspektiven, und in diesem Sinn ist er ein archetypisches Bild von hohem Gefühlswert. Man kann nun nicht mehr behaupten, daß das Bild vom Paradiesgarten seinen Grund in der vorgeburtlichen oder frühkindlichen Entwicklung des einzelnen Menschen habe. Es handelt sich beim Garten vielmehr um eine Verdichtung kollektiver Erfahrungen der Menschheit. Dann ist der Garten ein Bild für den Zustand des Menschen, wie er sein soll, wie er in seiner psychischen Ganzheit ist, wie er aussieht, wenn er mit »Gott« vereinigt ist. Gott ist hier noch verstanden als eine Art innerpsychische

Vereinigung zwischen Ich (Bewußtsein) und Unbewußtem. Darum kann, wie Barth sagt, der Mensch den Paradiesgarten »nicht vergessen«. Darum muß er »immer an ihn denken«.

In dieser psychologischen Sicht ist das Bild des Gartens also als »ein Urbild von dem Zustand des ganzen, mit sich vereinigten Menschen zu verstehen, der zu seinem Selbst gefunden hat«[9]. Damit ist noch gar nicht gesagt, was der Erzähler *theologisch* mit dem Bild vom Garten sagen will. Psychologisch jedoch kann – nach der in der Tradition vergeblich vorgenommenen Ortsbestimmung – der Garten als Bild der Einheit und Ganzheit des Adam bezeichnet werden. Also stellt der Garten ein Bild des Friedens dar, ein Bild der Einheit des Menschen mit sich selbst. Adam aber ist dann hier am Anfang auch nicht einfach der Mann, sondern der Urmensch, der das Weibliche und das Männliche noch in sich trägt, und damit ein Symbol für Ursprung und Ziel menschlicher Entwicklung.

Jahwe hingegen, das Gegenüber von Adam, der den »Garten Eden« (hier heißt es nun nicht mehr »Garten in Eden«) gepflanzt hat, ist »von jeder geschlechtlichen Ambivalenz freigesprochen«[10], übrigens gegen alle natürliche Erfahrung. Das ist die Eigenart dieser Gartengeschichte: Jahwe, der Pflanzer, bleibt ohne komplementären Gegensatz. Adam hingegen ist in seiner Androgynie ein durchaus ambivalentes Wesen. Diese Beobachtung ist aus zwei Gründen sehr wichtig: Einmal wird hier der naturmythische Zusammenhang durchbrochen, was für die Erklärung der späteren Vertreibung und der Entstehung des Bösen sehr wichtig ist. Anderseits ist gerade diese Stelle auch ein Beispiel dafür, wie psychologische und theologische Symboltheorie voneinander unterschieden sind. Für C. G. Jung nämlich geht, wie Drewermann einleuchtend nachweist, das »Selbst« (Gott) aus der Gegensatzvereinigung der hellen und dunklen Seite des Menschen hervor. Es entsteht, wenn der Mensch seine Schatten und die Welt des kollektiven Unbewußten gesehen und weithin zu akzeptieren gelernt hat. Beim Jahwisten hingegen enthält die Vorstellung Gottes keinen Widerspruch. Statt in Gott selbst wird – ganz unnatürlich – der Gegensatz von »gut« und »böse« in dem Verhältnis von Jahwe und Adam angesiedelt; freilich nicht in der Weise, daß Jahwe immer »gut«, Adam hingegen immer

»böse« ist, sondern Adam ist für sein Bösewerden selbst verant-
wortlich. Warum das so ist, soll noch das Gartengespräch
zwischen Eva und der Schlange klären.

Adam also, der Urmensch, steht für ein Bild der psychischen Ganzheit des Menschen. Es ist eben nicht so, daß das
Männliche im Garten gut und das Weibliche böse wäre oder
umgekehrt. Mensch und Garten entsprechen sich als Bilder
psychischer Ganzheit, wobei im Wort »Eden« für den Hebräer
noch das Gefühl von »Wonne« mitschwingt.

Diese Wonne wird unterstrichen, wenn man sich die weiteren Elemente der Gartengeschichte ansieht. Es gibt die vier
Ströme, Hinweis darauf, daß, wo Gott einen Garten herrich-
tet, gewaltige Wassermassen zu finden sind, ein gleichnishaf-
ter Ausdruck für den einzigartigen Segen, der hier zugewendet
wird. Vielleicht sind diese Ströme auch eine Art vorwegge-
nommener Illustration, wie weit der Wassersegen sogar noch
über den Garten hinausweist. »Sie bringen in ihrer Teilung
Fruchtbarkeit auf die ganze Erde, nachdem und weil sie zuvor
als ein Strom das Paradies bewässert und fruchtbar gemacht
haben. Der Kontrast der sonst verhältnismäßig nüchternen
Beschreibung des Paradieses selbst und der Fülle des von dort
ausgehenden Stromes ist sicher beabsichtigt. Daß das Paradies
selbst der Ort der Herrlichkeit ist, das wird damit allerdings
sehr deutlich gemacht. Aber gerade als Ort der Herrlichkeit
kann es nicht in seiner eigenen Lebensfülle und Schönheit,
sondern nur in der Selbstlosigkeit, in der es abgibt, was ihm
zuerst gegeben wurde, kenntlich gemacht werden.«[11] Wie
jeder irdische Garten, so soll auch jeder irdische Strom aus
dem Paradies gespeist sein und wieder dorthin zurückwirken.

Was dieses Bild für den Umgang mit unseren Strömen und
Gewässern heute ökologisch bedeuten könnte, ist kaum zu
ermessen; ganz abgesehen davon, daß ein weiterer Fingerzeig
für die Symbolik des Selbst in den Bildern des Paradieses und
des Urmenschen auch in der Vierzahl der Paradiesströme zu
sehen ist. Auch das unterstreicht noch einmal die Einheit und
Ganzheit des Menschen. Erst auf diesem Hintergrund will der
jahwistische Gartenerzähler theologisch darstellen, wie nun
Gott und Mensch zu Gegensätzen werden.

Zuvor jedoch muß an den gärtnerischen Auftrag erinnert
werden, daß Adam den Garten »bebaue und bewahre«[12].

Abgesehen davon, daß dies die Bezeichnung solider bäuerlicher Arbeit ist und daß somit das Paradies der Genesis kein Schlaraffenland ist wie das Goldene Zeitalter, klingt hier wieder die Ahnung an, der Garten könnte bedroht sein. Denn warum sollte er »bewahrt« oder »bewacht« werden? Zum »Bebauen« als dem pflegerischen Verhältnis im Sinn von Ehrfurcht, Respekt und Demut gehört das »Bewahren«, die Hege also und der Schutz. Außerdem bedeutet »bebauen und bewahren« auch noch soviel wie »Lust gewähren«[13]. Diese Lust jedoch scheint bedroht, worauf auch hindeutet, daß der Autor selbst neben dem Baum des Lebens die Bezeichnung »Baum der Erkenntnis von Gut und Böse« einträgt[14]. Der Garten, das will diese Eintragung andeuten, ist nicht nur Ort des Lebens für den Menschen. Er enthält auch schon alles, was den Menschen um sein Gartenglück bringen wird. Die Wendung »Gut« und »Böse« beschreibt schon die plötzliche Veränderung im Blickwinkel des Menschen, obwohl der Garten derselbe bleibt[15].

Wie wichtig diese Eintragung ist, kann man daran ersehen, daß die Mittelpunktstellung dieses Ortes betont wird. Unter den an den Ufern des einen Stromes von Jahwe gepflanzten Bäumen stehen zwei besondere Exemplare. Die fast unübersichtliche exegetische Forschung ist sich darin einigermaßen einig, daß hier wohl ursprünglich nur von einem Baum die Rede gewesen ist, dem Baum des Lebens oder dem Baum »in der Mitte des Gartens« oder dem Baum, »von dem zu essen ich dir verboten hatte«. Erst der jahwistische Autor bildete die Bezeichnung »Baum der Erkenntnis von Gut und Böse«. Dies Verbot spielt aber für den Garten Eden, so wie er in der jetzigen Fassung beschrieben wird, eine große Rolle. Aus der Religionsgeschichte weiß man, wie wichtig der Baum in der Mitte gewesen ist. Er bildete die Weltachse zum Himmel und damit die Möglichkeit einer Verbindung vom Garten hin zu Gott. Er repräsentiert das gesamte Universum und ist zugleich Ausdruck der Heiligkeit, der Fruchtbarkeit und vor allem der Ewigkeit der Welt. »Der Baum der Welt wird so zum Baum des Lebens und der Unsterblichkeit.«[16] Wenn man nun die beiden Bäume vereint, dann repräsentieren sie auch zwei verschiedene Höhepunkte: Leben und Tod, Oberwelt und Unterwelt, Leben und Tod[17]. Von daher wird auch das Eßverbot

verständlich: Die Früchte nämlich der beiden Bäume umschlie-
ßen Leben und Tod, sind also Lebensmittel und Todesspeise
zugleich. Diese merkwürdige Ambivalenz ist in der Edenge-
schichte auf zwei Bäume verteilt, aber es sind im Grund nur
zwei Seiten desselben Phänomens. Sie bilden bereits im Paradies die Widersprüchlichkeit des Lebens in seinem Blühen und
Verwelken ab. Das kann man nirgendwo besser beobachten
als in einem Garten. Gleichwohl erklärt diese Ambivalenz
noch nicht das Eßverbot.

Man hat deshalb in der persönlichen Entwicklungsge-
schichte eines Menschen nachgesucht, ob es dort ein Eßverbot
gibt. Dann steht der Baum, von dem man nicht essen darf, für
die Brust der Mutter. Sie darf nicht gebissen werden, »was den
zahnenden Säugling zu einem machtvollen Erlebnis sadisti-
scher und masochistischer Verwirrung«[18] führen kann, denn er
findet sich in seinem Zorn gegen die entstehenden Zähne und
gegen die sich entziehende Mutter und im Zorn gegen seinen
eigenen Zorn nicht mehr zurecht. So muß es dem vom Eßverbot betroffenen Menschen innerlich gegangen sein. Es ist nur
merkwürdig, daß der jahwistische Autor die Beziehung von
Mutter und Kind konsequent umdeutet auf eine Beziehung
zum Vater. Es ist Jahwe, der das Eßverbot erlassen hat.
Vielleicht verbirgt sich dahinter die Erfahrung, daß dieser
»Vater« die friedvolle Einheit im Mutter-Kind-Verhältnis stört?

Wie auch immer: Die Bäume in der Mitte des Gartens
deuten an, daß der Mensch im Garten nicht nur eine friedvolle
Existenz zu erwarten hat, frei von Konflikten. Aber vorerst
herrschen die Wonne und die Lust.

Das hebräische Wort »Garten«, das eigentlich männlich ist,
ändert sofort sein Geschlecht und wird weiblich, wenn das
Wort »Eden« hinzugefügt wird[19]. Das soll man sich auch
merken, wenn man an ein weiteres, zweifellos am meisten
Interesse weckendes Moment der Gartengeschichte gerät: die
Erschaffung der Zweigeschlechtlichkeit. Sie war wahrscheinlich einmal eine von anderen Motiven der Gartengeschichte
unabhängige Erzählung. Jetzt aber ist sie so fest in den Traum
des Jahwisten verwoben, daß sie fast so etwas wie einen ersten
Höhepunkt der gesamten Gartenerzählung darstellt.

Gegen manche Mißdeutung und um weitere leidvolle Wir-
kungsgeschichten zu verhindern, muß man einige sorgfältige

Beobachtungen machen. Der zentrale Gedanke der Erzählung von der aus der Rippe des Menschen (eben nicht des Mannes) genommenen Frau will nicht deren minderen Ursprung bezeichnen. Im Gegenteil: Er betont das volle Menschsein, weil der wirklich zu einem Menschen passende Partner nur vom Menschen genommen sein kann. Er oder sie ist eben nichts von außen Herangetragenes. Darauf zielt der jubelnde, im Garten ausgestoßene Satz: »Dies ist nun endlich Gebein von meinem Gebein und Fleisch von meinem Fleisch.«[20] Sieht man dann genau hin, so wird nicht die Frau nach und vom Manne erschaffen, vielmehr »wird aus einem Teil des Menschen (adam) die Frau, woraufhin der verbliebene Teil erst zum Mann wird«[21]. Der Alttestamentler Jürgen Ebach fügt folgerichtig hinzu: »So gelesen, entpuppt sich die Erzählung unversehens von einer, die den Vorrang des Mannes zu sanktionieren scheint, zu einer mit geradezu umgekehrtem Gefälle.«[22]

Man kann zusammenfassend sagen, daß der Garten mit seinen Paradiesströmen zeigt, wie der Mensch, seine Arbeit und seine Erotik gemeint sind. Der Garten ist dann eben nicht, wie man seit der Aufklärung meint[23], ein unbewußter, undifferenzierter Wunschbereich, wo man ohne Arbeit sorglos und ohne Lust lebt. Die aristotelische Abwertung der Arbeit ist ihm ebenso fremd wie die sumerisch-babylonische Vorstellung, der Mensch sei ein Arbeitssklave für die Götter.

Aber natürlich wäre der Autor der Paradiesgeschichte kein Realist, wenn er nicht dem zweiten ein drittes Kapitel folgen lassen würde, das ebenfalls noch im Garten spielt. Er führt also am selben Ort mit denselben Beteiligten eine neue Realität ein, die der Erfahrung seines damaligen und heutigen Lesers schneller einleuchtet, weil er sie täglich verspürt. Merkwürdig ist, wie sich der Garten des Paradieses für den Blickwinkel des Menschen völlig verändert. Die lustvolle, erotisch-ganzheitliche Lebensform wird in geradezu antitypischer Entsprechung umgewandelt: Wo früher lustvolle Nacktheit war, findet man jetzt Scham; wo früher der Hinweis auf einen einzigen Baum stand, dessen Früchte nicht gegessen werden sollten, steht jetzt die nüchterne Feststellung: Von dem Baum hast du gegessen; wo es eben noch hieß: Der Mensch soll den Garten bebauen, da befiehlt man jetzt, der Mensch soll den Ackerbo-

den in Mühsal bebauen. Wo vorher die Erde Früchte hervorbrachte, da erfährt man jetzt: Die Erde bringt Dornen und
Disteln hervor. Und wo einst der Mensch am Anfang aus
Staub geschaffen wurde, da erfährt er, daß er nun zu Staub
werden soll. Schließlich gibt es noch eine dramatische Veränderung in der Sprache. Hieß es vorher noch: Sie wird »Weib«
genannt werden, tönt es nun: »Er nannte sie . . .« Es findet sich
jetzt dasselbe Verb wie bei der Namensgebung der Tiere. Jetzt
erst, als Angst und Verhüllung in den Garten eingebrochen
sind, heißt es zu der Frau: »Nach deinem Manne sollst du
verlangen, er aber soll dein Herr sein.«[24] Lust wird jetzt für die
Frau mit Unterwerfung verknüpft. Sie wird zwar nicht verflucht wie ihr Tier, die Schlange, aber sie wird hier – und erst
hier – allein auf die Mutterschaft festgelegt, wobei dies mit
Schmerzen verbunden bleibt wie die Lust mit Unterwerfung.
Verflucht wird nun auch der Garten, zumindest der mütterliche Ackerboden, daraus der Mensch genommen ist. Arbeit
geschieht fortan gegen die mütterliche Umgebung, die jetzt als
ganz und gar widerständige Natur erfahren wird. Man muß ihr
den Ertrag abringen.

Was steht hinter dieser plötzlichen Veränderung des Gartens? Hildegunde Wöller vermutet, daß diese Geschichte
genau jenen Übergang in der Menschheitsentwicklung
beschreiben könnte, wo man dahinterkam, daß der Mann
einen Anteil an der Zeugung von Kindern hatte. Jetzt erst
entdeckte der Sohn, daß er als Sohn seiner Mutter kein
Göttersohn war, sondern das Ergebnis einer Zusammenkunft
seiner Mutter mit einem normalen Mann. Hildegunde Wöller
versteht das zentrale Gartengespräch zwischen Schlange und
Eva dann so: »Die Schlange sagt zu Eva: Ihr werdet sein wie
Gott. Man könnte sagen: Ihr könnt Menschen schaffen. Und
Eva nimmt die Frucht, teilt sie mit Adam. Sie gibt ihm den
ihm zustehenden Teil an der Frucht, an dem Kind, zu essen.
Essen bedeutet immer ein Erkennen. Danach entdecken
beide, daß sie nackt sind. Organe, die bis dahin allein der
Lust, dem Liebesspiel galten, wurden durch diese Erkenntnis
zu Organen der Zeugung und der Empfängnis, wurden numi-
nos, göttlich, ihnen selbst unheimlich. Die Frau, die gern
Mutter werden wollte, mußte von da an nach dem Manne
verlangen. Aus dem schönen, kindlichen Spiel der Lust wurde

Ernst, wurde Tun mit Folgen. Aus dem Garten der Lust wird ein Acker, der gepflügt und besät werden muß.«[25]

Diese Herleitung hat viel für sich. Sie macht zumindest psychisch plausibel, wie der Garten dahinging und wie sein Verlust die Einseitigkeit, die Herrschaft des Mannes (Patriarchat) und den Verlust einer auf Ergänzung und Bereicherung angelegten erotischen Kultur nach sich zieht. Es ist der Verlust einer paradiesischen Kultur, in der man sich nicht schämte, einander zu erkennen von Angesicht zu Angesicht, einer Kultur, wo man die Kleider ablegen konnte, um einander wahrzunehmen »unter Absehung des sozialen Status, den die Kleidung darstellt«[26].

Der Garten ist dann aber auch, folgt man Hildegunde Wöller, ein irreversibler Verlust, weil es keine Rückkehr hinter die Erkenntnis der männlichen Beteiligung am Menschenschaffen gibt. Immerhin wird der Leser Zeuge eines Gesprächs zwischen Schlange und Eva, das in seiner Form als »listig« dargestellt wird[27] und das kurz belauscht werden soll.

Alles beginnt mit einem geradezu verdächtigen Interesse an Gott. Hat er denn wirklich gesagt: »Eßt nicht von allen Bäumen des Gartens«? Aber das hatte er nun ja gar nicht gesagt. »Von allen Bäumen des Gartens essen, ja essen darfst du; nur von dem Baum der Erkenntnis von Gut und Böse, von dem darfst du nicht essen. Denn am Tage, da du davon ißt, sterben, ja sterben mußt du.«[28] Im Gespräch jedoch und im Zitat der Schlange werden Freigabe und Verbot miteinander ausgetauscht. Damit wird das Verhältnis von Chance und Einschränkung zwielichtig. Es ist nicht mehr klar, ob Gott nun dem Menschen mit seinem Satz große Möglichkeiten im Garten eröffnen oder ob er ihn einschränken wollte. Ist Gott vielleicht, so könnte man jetzt denken, ein Sadist, der einen prächtigen Garten schafft, dem Menschen jedoch wahre Tantalusqualen auferlegt und ihm den Genuß verbietet?

Das Spiel mit dieser Vorstellung bewirkt, was es bezweckt. Der Gesprächspartner bekommt einen Schreck. Eva muß auf die Seite Gottes treten. Das versucht übrigens ja auch manche Theologie. Sie will auf den Wortlaut dessen zurückgehen, was Gott nun wirklich gesagt hat. Aber sie kann es gar nicht mehr vor Schreck. Eva fügt dem Eßtabu denn auch noch ein Berührungstabu hinzu, verschärft also ungewollt das göttliche Gebot.

Diese Szene ist ein geradezu köstlich-grausames Beispiel einer allerersten Theologie, einer ersten Reflexion auf ein Gottes-wort, eine zum Scheitern verurteilte Reaktion auf einmal angemeldete Zweifel. Die Tatsache, daß es »Theologie« bereits im Garten gibt, widerspricht im übrigen einer gängigen Interpretation des Paradiesgartens der Genesis und der ver-meintlichen Sünde, die zur Vertreibung geführt haben soll. Man sah die Sünde darin, daß der Mensch zu sich selbst erwacht und bewußt wird. Das läßt sich so nicht halten: Bewußtheit geht der Sünde voraus; die Schlange ist eben nicht die »Raupe der Göttin Vernunft«[29].

Aber es ist auch eine psychologische Erfahrung, »daß ein Gebot verschärft werden muß, wenn die Neigung sich vergrö-ßert, es zu übertreten«[30]. Mit dem verschärften Gebot will Eva ihre latenten Wünsche abwehren. Aber eben darin liegt das Drama: Man findet nicht mehr zum ruhigen Vertrauen in die Harmonie des Gartens und Wachsens zurück. Man bekommt Angst, die ja häufig die bewußte Erlebnisseite einer unbewußt abgewehrten Regung ist. Man kann mit Drewermann zu diesem theologischen Gartengespräch zwischen Schlange und Frau sagen: »Weil die Frau mit Gott leben will, aber nur noch in der Angst an ihm festhalten kann, erscheint ihr Gott in einer Gestalt, mit der sich nicht mehr leben läßt. Von ihm geht kein Halt, kein Trost mehr aus, der die Angst vor ihm auffangen könnte.«[31]

Dieses theologische Gartengespräch wurde deshalb so aus-führlich wiedergegeben, weil es einen typischen Zug der Gar-tengeschichte der Genesis zeigt: Der Schritt zur Kultur, eben auch zur erotischen, paradiesischen, ist nicht der Schritt zur Sünde. Der Schlüssel zur Blickveränderung und zur veränderten Wahrnehmung des Gartens liegt nach der Vorstellung des Jahwisten vielmehr darin, daß die Menschen – obwohl durch den fürsorgenden Pflanzer im mütterlichen Bereich des Gar-tens aufgehoben – ihre Angst nicht überwinden. So haftet dem Garten Eden neben aller Wonne des ursprünglich Gemeinten auch immer so etwas wie melancholische, das heißt zur schwarzen Erde neigende, Trauer an. Es ist die Trauer über eine erfahrene Angst, die freilich auch zuweilen in die Sehn-sucht umschlagen kann, die Angst zu überwinden und also das Paradies einst wieder offen zu finden.

Sehr bald in der Geschichte Israels taucht denn auch diese Möglichkeit auf. Ezechiel zum Beispiel ist der erste, der die erhoffte Endzeit mit dem Garten des Anfangs verbindet: »Das Land war verheert, und jetzt ist es wie der Garten Eden«[32], so lautet seine Verheißung. Woher auch immer der Prophet seine Rede vom Gottesgarten Eden hat, ob er eine selbständige mythische Tradition benutzte oder ob er sie der Paradiesvorstellung des Jahwisten entlehnte, auch er mußte auf den Garten zurückgreifen, den er noch um das Bild des Berges ergänzt. Der Rückgriff auf das Bild des Paradiesgartens diente ihm dazu, die verbannten Judäer vor der politischen Option zugunsten der Großmächte zu warnen: Der Lebensraum des Menschen, so der Prophet, liegt im Paradiesgarten und nicht in der Eroberung neuen, fremden Terrains.

Damit steht hier wie in der Genesis das Gartenbild für den dem Menschen dienlichen Lebensraum und die Lebensform. Der Garten steht aber zugleich für die Möglichkeit, diesen Raum und diese Form zu verletzen oder zu verlieren. Indem Jahwe als Pflanzer und Töpfer das Gegenüber bleibt, betont die Genesis die Selbstverantwortlichkeit des Menschen für den Garten: Die Menschen dienen nicht Gott, wohl aber dem Garten. Aber eben dieser Garten ist von Jahwe als unerschöpfliche Möglichkeit gepflanzt und als Lebensraum gegeben worden. Der Paradiesgarten in Genesis 2 ist eine Alternative, eine konkrete Alternative zur gegenwärtigen gartenzerstörenden Lebensform, wie sie in Genesis 3 geschildert wird. Erst gemeinsam gelesen, geben die beiden Blickrichtungen in den Garten Sinn.

Es kann im übrigen für die Paradieserzählung der Genesis als gesichert gelten, daß alle überlieferten Motive – der Garten, die Ströme, die Bäume, die Erschaffung des Menschen – nach ihrer Übernahme durch Israel einen entscheidenden Umformungsprozeß erfahren haben. Diese Umwandlung ließ sich offenbar am Bild des Gartens am besten darstellen. Deswegen verbot sich auch eine allzu schnelle psychologische Interpretation des Garten- und Gottesbildes dieses Autors. Immerhin gab die psychische Rekonstruktion eine Ahnung davon, von welchen Konflikten der Autor der Genesis sich im Kampf mit anderen mystischen Gartengeschichten umgeben sah. Er mußte und wollte sich distanzieren. Aber er blieb doch im mythischen Erzählbereich. Gegen eine Vorstellung, daß die mythische Geschichte logisch aufzulösen sei und daß es allemal eine Entwicklung von der Mythologie zur Philosophie gebe, ist festzuhalten, daß dies mythische Denken, wie es hier abzulesen ist, selber rational ist. Der Paradiesgarten zeigt, wie man eine ungeschiedene Wirklichkeit erzählt, benennt, kultiviert. Man kann das mythische Symbol des Gartens nicht widerlegen, wohl aber kann man beim Erzählen eigene Akzente setzen. Das tut der jahwistische Autor auch.

Der Paradiesgarten also ist vieldeutig. Das bringt Vorzüge und Gefahren mit sich. Der Vorzug gegenüber eindeutiger Rationalität liegt darin, daß die mythische Gartenerzählung eine durchaus nicht eindeutige Lebensweise in ihrer Vielfalt und Ambivalenz akzeptieren kann. Sie muß nicht alles auf den erfaßbaren Begriff bringen und es unterwerfen, um es zu begreifen. Die Gefahr liegt darin, daß jeder Interpret diese Gartengeschichte zu seinen Gunsten ausbeutet. Da man jedoch nicht gegen Mythen argumentieren kann, ist es außerordentlich schwer, ihrem Anspruch zu begegnen, wenn sie in falsche Hände geraten. Diese Gefahr hat Israel erkannt, wie damals kaum eine Religion. Der jahwistische Erzähler wollte zwar nicht entmythologisieren, aber indem er zum Beispiel Jahwe von aller mythischen Ambivalenz freizuhalten suchte, nahm er am Kampf um die Gestaltung der mythischen Geschichte teil, so daß man seine Paradiesgeschichte fast als »Zeugnis eines Kampfes um den Besitz der Mythen«[33] in der Paradiesgeschichte verstehen kann. Daß die Vertreibung zugleich die Domestizierung der Frau und der Verlust des paradiesischen Lebens die Herrschaft des Mannes bedeuten, verweist noch einmal zurück auf den Paradiesgarten, auf den Traum eines Ortes und einer Zeit, in der Sprache, Lust und Leben eben nicht unter den Gesetzen des Herrschens und Sich-Beherrschens stehen. Die Aufnahme dieser Vorstellung beim Propheten Ezechiel und dann auch später im Neuen Testament will sagen: Es handelt sich bei der mythischen Erzählung des Paradiesgartens nicht um nostalgische Regression, wohl aber um einen Vorschein auf andere Orte und Zeiten.

Zusammenfassend gilt auch für diese Paradiesvorstellung, daß sie mit dem Garten und mit der Vertreibung ein Faktum, einen verlorenen Ort, eine Trauer, eine Sehnsucht, einen Weg beschreiben will, wobei die Gartenerzählung in der Genesis die Betonung auf das exklusive Verhältnis von Jahwe und Mensch legt. Der Mensch freilich bekommt es mit der Angst zu tun, und schon ist die Abtrennung geschehen.

Damit haben sich drei Schwerpunkte der Erzählung herauskristallisiert. Der erste ist der Ort selber, in den Adam hineinversetzt wird und dessen Gartenattribute Hinweise auf eine ursprünglich gewollte Ganzheit des Menschen geben. Wenn dieser erste Schwerpunkt verabsolutiert wird, dann geht die Suche nach den irdischen Paradiesen los, wie es tatsächlich in der Tradition geschehen ist und noch geschieht. Der zweite Schwerpunkt betont den Schmerz des Verlustes. In seiner übermächtigen Angst flieht der Mensch auf die Seite Gottes, indem er sich mit ihm identifiziert gegen die Schlange. Der dritte Schwerpunkt schließlich liegt in der Verheißung oder Sehnsucht, daß diese Getrenntheit aufgehoben werden kann und daß der Garten »vielleicht von hinten irgendwie wieder offen ist«[34].

Die Gärten der Liebe

»Wohin ist dein Geliebter gegangen,
du Schönste unter den Frauen?
Wo hat dein Geliebter sich hingewandt,
daß wir ihn suchen?«
»Mein Geliebter stieg hinab in seinen Garten,
zu den Balsambeeten,
nach den Reben zu sehen, Lilien zu pflücken.«

»Zum Nußgarten bin ich hinabgestiegen,
zu sehen nach den Knospen des Tales,
zu sehen, ob der Weinstock getrieben,
die Granatäpfel blühen.
Ich kannte mich selbst nicht mehr.«

Das Hohelied

Gärten sind für uns stets auch Bilder von Gärten, wie die Paradiesvorstellungen gezeigt haben. Darum hat der Garten immer zugleich eine sehr eigentümliche Beziehung zum Menschen. Im Schutz des Hags konnte der Garten be-haglich, also zu einem Ort werden, der Zuflucht und Heimlichkeit, der Gelegenheit zu schöner Intimität bot. Aus dem alten Orient stammt seine enge Verbindung mit dem Bereich der Frau. Voll von Gartenbildern war denn auch die Liebespoesie überall da, wo man am Garten wie an der Geliebten Schönheit und Verschwiegenheit schätzte. Ob der Paradiesgarten »hinten vielleicht offen« ist, hat freilich die Liebespoesie nicht beantworten können, wenngleich sie sich über weite Strecken so liest, als würde diese Öffnung wenigstens partiell und für den Augenblick gelingen.

Aber wie sehr hat man sich im Laufe der Geschichte bemüht, die Liebespoesie des Alten Testamentes, wie sie im Hohenlied der Liebe überliefert ist, zu entschärfen! Erst heute ist man sich weitgehend einig, daß dies im 4. und 3. Jahrhundert vor Christus aufgezeichnete Lied als Ausdruck der erotischen Liebe zwischen Mann und Frau zu gelten hat. Es wirken aber bei diesem Lied, das so weitgehend in einem Garten spielt, trotzdem kräftig die Vorgänger aus der ägyptischen, babylonischen, vielleicht sogar aus der kanaanäischen Umwelt mit. Vielleicht war das Hohelied ursprünglich ein weiblicher Kulttext, der zur Feier der »Heiligen Hochzeit« in Jerusalem gesungen worden ist. Es war dann »ein Lied von der Liebe der Himmelskönigin zu dem sterbenden und wiederkehrenden Frühlingsgott«[1]. Diese Vermutung über die kanaanäische Herkunft des Hohenliedes hat viel für sich. Sie hilft uns, die merkwürdige Rede von den drei verschiedenen Gärten zu verstehen, die uns in diesem Text begegnen werden. Aber Israel hat denn doch den naturmythologischen Stoff des kanaanäischen Kultliedes der »Heiligen Hochzeit« nicht einfach aus seiner Umwelt übernehmen wollen und können[2]. Denn was die biblische Theologie vom Mythos unterscheidet, wie er ursprünglich hinter dem Hohenlied steht, ist die Entdeckung der Personalität und Individualität des Göttlichen[3]. Jahwe ist eben nicht Ischtar.

Es gab für die Hebräer gute Gründe, warum sie das Geschehen zwischen den beiden Geliebten aus den mythischen und darum mystifizierenden Götterhöhen in eine zwischenmenschliche Beziehung übertrugen. Psychologisch löste das Judentum mit dieser vorsichtigen Mythenkritik die erotische Beziehung zwischen Frau und Mann aus ihrer Abhängigkeit an die psychischen Inhalte des kollektiven Unbewußten. Denn das kollektive Unbewußte, inszeniert im Kultritual, gab zwang- und schicksalhaft einen bestimmten generellen Ablauf vor, der vom einzelnen oder vom individuellen Paar nicht besonders gestaltet, sondern nur noch rituell nachvollzogen werden konnte.

Daß es freilich solche rituelle Abhängigkeit vom kollektiv-unbewußten Archetyp der »Heiligen Hochzeit« selbst heute noch gibt, zeigen enttäuschte Aussagen bei Ehescheidungen. Man erwartet in der Paarbeziehung – sozusagen automatisch – immer noch (oder vermehrt) das absolute Glück in göttlicher Harmonie. Man ist um so mehr enttäuscht, wenn dann die Realität der Beziehung diese Erwartung nicht einzulösen vermag. Es sieht bei dieser Enttäuschung so aus, als stünde die erotische Beziehung in Partnerschaft und Ehe immer noch in angstvoller Sklaverei unter der Herrschaft von »Göttinnen und Heroen«.

Israel gelang also die Herauslösung der erotischen Beziehung aus dem numinosen Zusammenhang. Aber – und darin liegt die Pointe gegenüber einer rationalistischen Entmythologisierung – es hat die in den Göttergestalten – Ischtar und der Jüngling – enthaltenen Bilder nicht einfach geleugnet oder verdrängt, weil es ahnte, daß sie in den Tiefenschichten der menschlichen Seele verankert sind. Denn das archetypische Symbol der »Heiligen Hochzeit« und das archetypische Symbol vom »Garten«, die die Einheit von Mensch und Natur zum Ausdruck bringen, haben sich selbst wahrscheinlich in ungeheuren Zeiträumen der Evolution geformt. Sie waren, wie der »Garten« hier nun doch ahnen läßt, zunächst Gegebenheiten der äußeren Natur, ehe sie sich in der menschlichen Psyche niedergeschlagen haben. Von dort wurden sie dann im mythischen Denken wieder in die Natur zurückprojiziert. Es geht also bei der Interpretation der Gärten des Hohenliedes darum, sich selbst in diesem Garten und den Garten wieder in sich selbst zu entdecken. Dann kann man auch die Weisheit erkennen, mit der Israel an die numinosen Erfahrungen vom sterbenden und auferstehenden Jünglingsgeliebten und an die große Fruchtbarkeitsgöttin anknüpfte. Diese Anknüpfung geschah vor allem über den Ort: den Garten.

Hält man sich an die Rekonstruktion des ursprünglichen Zusammenhanges der Texte von Hartmut Schmökel[4], dann bilden die Gärten im Hohenlied so etwas wie ein Gliederungsprinzip oder besser: Stationsangaben, die – von Garten zu Garten führend – zugleich auch etwas aussagen über den Entwicklungsweg der erotischen Begegnung. Einige wenige Schritte sollen vorgeführt werden. In der ursprünglichen Form beginnt die gesamte Liedfolge des Hohenliedes in einem Garten:

»Erscheine, göttliche Frau, die du wohnst in den Gärten. Deine Stimme laß hören. Die Gefährten lauschen.«[5]

Das klingt in der Tat nach Auftakt, nach Drama, nach Bühne, nach Aufführung: Die Geliebte, die göttliche Frau, hat ihren Wohnort im Garten. Deutlich schwingt die alte mythische Erinnerung mit, daß der Kult der Himmelskönigin einst seinen Sitz im mütterlichen Bereich der heiligen Gärten gehabt hat. Das Bild sagt jetzt, daß das junge Mädchen noch geborgen und behütet im mütterlichen Bereich aufgehoben ist. Die erwähnten »Gefährten«, ursprünglich wohl die männlichen Gefährten bei der Kultfeier, sind eher kindliche Gespielen. Sie repräsentieren ihrerseits den gepflegten, umfriedeten, duftenden und schönen Teil dieser mädchenhaften Existenz. Es ist denn auch motivgeschichtlich von hier gar nicht weit zum Kult und zur Anbetung der Himmelskönigin im Rosenhag. Ihre Anbetung findet immer im Hag oder Hain und nicht im steinernen Tempel statt.

Das Mädchen wird nun näher beschrieben, indem einfach die Bilder des ursprünglichen Kultliedes beibehalten werden.

»Wer ist es, der herabschaut wie Morgenrot, schön wie der helle Mond, rein wie die Sonne, furchtbar wie Nergal? Wende ab deine Augen von mir; sie sind es, die mich schrecken.«[6]

Israel hat diesen Text in die individuell erotisch-menschliche Begegnung verlegt, aber die mythische Anspielung wird man gleichwohl verstanden haben. Diese Anspielung bezieht sich auf die aus dem Fenster herabschauende Göttin Ischtar, die als Göttin immer beide Aspekte der Großen Mutter besaß: den faszinierenden ebenso wie den schrecklichen. Schönheit und Furchtbarkeit sind die beiden schmückenden Beiworte, mit denen sumerisch-akkadische Kultlieder immer wieder gerade ihre Liebes- und Kriegsgöttin Ischtar auszeichnen. Nergal als Unterweltsgöttin im kanaanäischen Bereich ist ihre dunkle, verschlingende Seite. Die Übernahme dieses archetypischen Bildes der Großen Mutter für die Anfangssituation des israelischen Mädchens sichert eine Erfahrung, die sonst durch das erstarkende (männliche) Ich-Bewußtsein verdrängt zu werden pflegt. Dieser furchtbare Aspekt der »Großen Mutter« ist im Hohenlied sonst auch fast ganz verdrängt hinter dem Bild der lieblich-verführerischen Braut. Aber die Angst der Gefährten vor dem furchtbaren Blick der göttlichen Frau erinnert noch an eine elementare Form, wie das Männliche das Weibliche erfährt[7]: zuweilen recht abgründig. Diese Erfahrung darf jedoch nicht die einzige Form bleiben, wenn es zu einer wirklichen Beziehung zwischen Frau und Mann kommen soll. Es gehört gewissermaßen die Selbstreflexion der weiblichen Seite über ihre Ambivalenz hinzu. Genau diese Selbstreflexion jedoch geschieht in den folgenden Versen in Ansätzen:

»Schwarz bin ich und doch lieblich,
ihr Töchter Jerusalems,
wie die Zelte Kedars, wie Salomos Wandteppiche.
Fürchtet mich nicht, weil ich schwarz bin,
weil die Sonne mich erspähte.
Meiner Mutter Sohn hat mich heiß gemacht,
meinen Weingarten habe ich nicht gehütet.«[8]

Diese halb melancholische Bitte und Selbstaussage gibt zu erkennen, wie klar das Mädchen sich selber und ihre Dunkelheit anzusehen bereit ist. Diese Bereitschaft entsteht, »weil die Sonne mich erspähte«, ein Bild, das klar dem Bewußtsein zugeordnet ist. Es hat ihr eingeleuchtet, daß sie »schwarz« ist, aber doch lieblich.

Seltsam mag klingen, daß sie ihren Geliebten als »meiner Mutter Sohn« bezeichnet. Den Geliebten »Bruder« zu nennen ist in der altorientalischen Liebeslyrik üblich. Darüber hinaus bewahrt es das Wissen: In jeder Frau-Mann-Beziehung steckt auch etwas Geschwisterliches[9]. Der Weingarten mit seinen prallen Trauben ist natürlich ein Bild für die weiblichen Reize[10]. Sie sind nicht gehütet, sondern hergegeben. Es hat also bereits eine Liebesbegegnung stattgefunden.

Noch einmal ist Kultisches, das einst dem zyklischen Kreislauf der Jahreszeiten entlehnt war, auf eine gewöhnliche Beziehung übertragen worden. Natürlich war es einst der Jünglingsgeliebte, der zum Beispiel im Tammuz-Mythos jährlich starb und im Frühjahr wiederkehrte. Erst die Rückführung in die menschlich-erotische Beziehung jedoch läßt eine Erklärung zu, warum eigentlich der Geliebte verschwunden ist: Wahrscheinlich ist die wild-emotionale Leidenschaftsnatur des Weiblichen in ihrer Heftigkeit für den Mann und das Bewußtsein furchtbar. Diese Gefahr weiblicher Ungehemmtheit, die in patriarchalischen Zeiten unterdrückt, verkannt und illusionistisch verkleinert wird, war in der mythischen Frühzeit noch lebendige Erfahrung. Die Angst vor der übermächtigen weiblichen Seite, die der Jüngling empfinden kann, wenn er heranwächst, ruht immer noch in jeder männlichen Tiefe. Die Angst wirkt gerade da überall vergiftend, wo man sie nicht wahrnehmen mag und also im Unbewußten zu halten sucht[11]. Der Geliebte muß also seine Geliebte verlassen: Seinem erstarkenden, an der Liebe der Frau gewachsenen männlichen Ich-Bewußtsein wird die auflösend-verderbliche, tödlich-verwirrende Natur des in ursprünglicher Einheit mit der Großen Mutter lebenden Mädchens unheimlich. Darum ja auch, wegen dieser Unheimlichkeit, wollte Gilgamesch die um ihn werbende Ischtar nicht lieben, wie seine Antwort an sie bewegend kundgibt:

»Welchen deiner Gatten liebtest du ewig?
Welcher deiner Schäfer vermochte dich zu fesseln?
Du liebtest Ischunallu, den Gärtner deines Vaters,
der ständig dir Sträuße brachte,
Täglich deinen Tisch schmückte?
Die Augen erhobst du zu ihm, ihn verlockend:
›O Ischunallu, deine Kraft wollen wir genießen.‹
Ischunallu spricht zu dir: ›Was verlangst du von mir?
Hat meine Mutter nicht gebacken, habe ich nicht gegessen,

Daß ich Speisen essen sollte, die Böses und Fluch bringen.‹
Du hörtest diese seine Rede:
Du schlugst ihn, verwandeltest ihn wie eine Fledermaus.
Jetzt liebst du mich und wirst mich wie jenen behandeln.«[12]

Es ist also die (männliche) Angst, das eben gewonnene eigene Ich-Bewußtsein zu verlieren und sich im Garten aufzulösen. Dies Gefühl drückt ihn nieder. Es äußert sich meistens als eine Art Depression. Und De-pression heißt ja wörtlich, daß einer zugrunde geht oder herabsteigt, wie das Hohelied in bildlicher Schilderung dieser psychischen Vorgänge sogleich vorführt:

»Wohin ist dein Geliebter gegangen,
du Schönste unter den Frauen?
Wo hat dein Geliebter sich hingewandt,
daß wir ihn suchen?«
»Mein Geliebter stieg hinab in seinen Garten,
zu den Balsambeeten,
nach den Reben zu sehen, Lilien zu pflücken.«[13]

Und der Mann sagt:
»Zum Nußgarten bin ich hinabgestiegen,
zu sehen nach den Knospen des Tales,
zu sehen, ob der Weinstock getrieben,
die Granatäpfel blühen.
Ich kannte mich selbst nicht mehr.«[14]

Auf die Frage also, wohin der Geliebte entschwunden ist, wird zum ersten Mal deutlich, daß er fern ist und daß man ihn suchen muß. Als Ort, wo man zu suchen hat, kommt nun ein zweiter Garten in den Blick. Es ist zweifellos ein anderer als der, in dem die Geliebte sich befindet. Er liegt »unten«. Er hat also etwas mit der Unterwelt zu tun. Dieser Unterweltsgarten, reichlich mit üppigen Bildern ausgestattet, beherbergt vor allem Nußbäume in seinem Gehege.

Der merkwürdige Rückzug des Geliebten in den Nußbaumgarten erinnert an die psychische Erfahrung, daß zu bestimmten Zeiten ein »Nein in der Liebe«[15] aller Trennungsangst zum Trotz geradezu heilend sein kann, oder anders gesagt: Um zu sehen, was ich im Grunde bin, muß ich zum Grunde gehen. Ich muß zurückkehren in den Uterus der Allgebärenden, in den Ursprung nicht nur der Menschen, sondern aller Wesen der Natur. Entgegen dem, was heutige Philosophen gern kritische Selbstreflexion nennen, hat das Hohelied noch die Einsicht, daß man seine Welt verlassen muß, um sie und sich selbst erkennen zu können. Darum verläßt der Geliebte den Garten, in dem seine Freundin wohnt, weil er nur wahrhaft Geliebter werden kann, wenn er zuvor – ungeliebt – im anderen, unteren Garten gewesen ist. Oder noch anders gesagt: Er kann erst ein Mann sein, der fähig ist, mit der Frau wirklich zu leben, wenn er die Bereitschaft gezeigt hat, ihre Beziehung und sich selbst von außen zu sehen[16].

Warum wurde jedoch ein Nußbaumgarten zur Bezeichnung der Unterwelt gewählt? Vermutlich geschieht das hier sehr mit Bedacht. Der Nußbaum in der Unterwelt betont etwas Doppeltes: einmal die Schwierigkeit des Geliebten, an den Kern seines Problems zu kommen. Er hat eine – wie man ja auch heute noch im Volksmund zu sagen pflegt – »harte Nuß zu knacken«. Er ist also vor eine schwierige Aufgabe gestellt, denn harte Nüsse kann man nur mühsam öffnen. Sie versprechen nach der Anstrengung jedoch einen schmackhaften Inhalt. Wer an den Kern heran will, der muß die Nuß brechen, sagt bereits Plautus[17]. Zugleich ist die Nuß eine Frucht, die noch alles kernhaft in sich enthält. Damit wäre der Nußgarten der Unterwelt ein Ort der Reifung, wie ja auch die frühlingshafte Vegetation des Gartens andeuten soll. Besonders die Granatäpfel, ein altes Aphrodisiakum, geben der Sehnsucht nach dem Frühling als der Sehnsucht nach der Integration des Weiblichen eine erotisch drängende Komponente. Darum muß die Aktivität jetzt von der weiblichen Seele ausgehen, denn der männliche Teil würde es nicht schaffen, allein aus der Unterwelt des Nußgartens hinauszugelangen. Es ist, als ob nur die weibliche Seele in der Lage wäre, bis in die Tiefen zu folgen und hinabzusteigen. Das Männliche im Nußgarten wäre heute mit Erich Neumann zu interpretieren als eine Art Überdehnung der Verstandesseite[18] oder des Ich-Bewußtseins. Diese Verstandesseite hat aber den Kontakt mit der unbewußten Welt verloren, so daß das Ich-Bewußtsein sich selbst überschätzt und jedenfalls keine Korrektur oder Hilfe mehr von der anderen Seite bekommt. Das merkt es zuweilen und wird dann nur noch niedergedrückter, pessimistischer und

depressiver. Dem Rückzug vor dem Weiblichen in den Nußgarten folgt sehr bald der Katzenjammer. Es fehlt dann der
Kontakt mit eben diesem befruchtenden Weiblichen.

Daher erklärt sich auch die enorme Aktivität der Frau im
Hohenlied. Auch sie muß nämlich ihren eigenen Bewußt-
seinsweg gehen, indem sie ihren männlichen Anteil (hier:
ihren Geliebten) sucht. Anders als in der Klage der Ischtar um
Tammuz steigt in der Fassung des Hohenliedes keine Göttin,
sondern eine individuelle Frau einem menschlichen Mann
nach, indem sie selber die dunkle Nacht ihrer Seele erfährt:

»Auf meinem Bett in der Nacht suchte ich,
den meine Seele liebt, und fand ihn nicht.
Ich will aufstehn und umherstreifen.
Will suchen, den meine Seele liebt.
Ich suchte ihn, doch ich fand ihn nicht...«[19]

Man kann diesen Weg von Garten zu Garten also symbolisch auch als Wandlung einer erotischen Beziehung lesen, als
Weg eines Paares und ihrer innerseelischen Entwicklung. Dieser Weg sieht bis jetzt so aus: Aus der (vielleicht paradiesischen) Einheit löst sich der eine Teil, so wie sich das Bewußtsein einst aus dem Meer der Unbewußtheit und Instinktwelt
gelöst haben mag. Das wirkt zunächst balsamisch-befreiend.
Die weibliche Seite jedoch geht ihrerseits einen Weg, sehnt
sich nach dem Männlichen, will Bewußtheit. Sie begibt sich auf
die Suche und nimmt Beziehung auf zum Männlichen in der
Unterwelt, das heißt zum unbewußten Bereich ihrer Seele.
Diese Aufnahme der Beziehung ist für beide Partner gefährlich
und gar nicht harmlos: für den Mann, weil er in der Gefahr
steht, den Nußbaumgarten für den Paradiesgarten zu halten,
für die Frau, weil sie ihren Gang in die Unterwelt nicht ohne
Blessuren überstehen wird:

»Mich fanden die Wächter, schlugen mich,
stießen mich, rissen das Gewand mir ab.«[20]

So steht sie am Ende nackt da im Nußgarten, das heißt ohne
Schutz der Konvention, den die Kleidung sonst symbolisiert.
Aber – so sagt das Bild vom Nußgarten ja auch – diese
Nacktheit, die es möglich macht, daß man sich von Angesicht
zu Angesicht erkennt, enthält auch die Kraft zur heilenden

Erneuerung und zur erwachsenen Begegnung. Der Nußbaumgarten ist also ein Gehege, in dem das Paar nicht bleiben muß, ein Durchgang nur, eine Art Vor-Garten:

> »Kaum daß ich an ihnen vorüber war (den Wächtern),
> fand ich, den meine Seele liebt!
> Ich hielt ihn – und ich werde ihn nicht lassen.«[21]

Was führt das Paar nun endlich aus dem Nußbaumgarten hinaus? Diese Frage wird im Hohenlied ähnlich beantwortet wie in Mozarts »Die Zauberflöte«, aber genau umgekehrt wie im Mythos von Orpheus und Eurydike. Nicht der Mann, sondern die Frau lockt den Geliebten aus dem Nußgarten. Auch dies Motiv erinnert an die schwermütigen Riten des Adonis, dem Ischtar klagend folgt. Er ist, ihrer Klage nach,

> »eine Tamariske, die im Garten kein Wasser trank,
> deren Krone auf dem Felde keine Blüte getragen,
> eine Weide, die sich am Bach nicht ergötzte,
> eine Weide, deren Wurzeln ausgerissen waren,
> ein Kraut, das im Garten kein Wasser getrunken hatte.«[22]

Diese Klage um den dahingegangenen Tammuz kennt man in der gesamten Umwelt Israels. Aber eben weil Israel dies Geschehen aus dem Spiel der Götterwelt herabholt, endet der unbewußte Charakter dieser erotischen Beziehung. Denn jetzt hängen Gelingen oder Nichtgelingen der Beziehung nicht mehr von der Übergewalt der Götter ab, der die Menschen schicksalhaft anheimgegeben waren. Hier endet übrigens auch, antizipatorisch, die Psychologie des Patriarchats, in der das Männliche die allein führende Rolle hat. Indem die Geliebte die Initiative weiterhin behält, beginnt eine Psychologie der Begegnung, der Selbsthingabe, der Selbstfindung des Weiblichen. Das hinwiederum führt zugleich zu einer frühlingshaften Erweckung des Männlichen aus dem Nußbaumgarten. Beide, der Mann und die Frau, haben den Garten der Unterwelt gesehen. Sie sind dort symbolisch »gestorben«, freilich, weil es ein Garten ist, sind sie auch wieder auf den Weg gebracht und erweckt worden:

»Unter dem Apfelbaum erweckte ich dich,
wo deine Mutter dich gebar.
Leg mich wie ein Siegel an dein Herz,
wie eine Spange an deinen Arm.
Denn stark wie der Tod ist die Liebe,
hartnäckig wie die Unterwelt die Leidenschaft.
Ihre Gluten sind Gluten Gottes,
ihre Flammen Flammen Jahwes.
Große Wasser können sie nicht löschen.
Ströme schwemmen sie nicht fort.
Gäbe einer den ganzen Reichtum seines Hauses um Liebe,
dürfte man ihn verachten?«[23]

Man betrachtet diese Zeilen als den Höhepunkt des gesamten Liedes. Das ist er ja auch, wenn man bedenkt, daß hier die Wende beginnt; wenn auch noch lange weitere Suchbewegungen der Frau folgen und Wesensbeschreibungen des Mannes sowie wollüstige Träume, die fast wie Prüfungen wirken. Die Szene unter dem Apfelbaum ist das Ergebnis eines Weges, den die israelitische Liebespoesie der mythischen, von der Göttin Ischtar vollbrachten Liebestat in allegorischer Auslegung abgenommen hat. Israel also leistet hier einen ersten Versuch der Introversion, der Hineinnahme von bisher an den Götterhimmel projizierten Bildern in die innerseelische Paarbeziehung. Man könnte sogar von einer ersten Form von Psychologie sprechen, wobei man aber betonen muß, daß die Hohelied-Geschichte archetypisch und in diesem Sinn urbildlich bleibt: Es kündigt sich hier eine zukünftige Entwicklung an, die wahrscheinlich im einzelnen, individuellen Menschen der Antike noch nicht stattgefunden hat.

Gleichwohl geben die Bilder urbildlichen Sinn. So handelt es sich beim Apfelbaum, wie wir schon gesehen haben, um den heiligen Baum der Göttin, der immer im heiligen Hain gestanden hat. Dort also geschieht die »Erweckung«. Nach dem Vorherigen ist es eine Erweckung vom Tod, aus der Depression der Unterwelt, die beide gesehen und erlitten haben. Aber weil sie nun wieder in einem neuen, dem ersten vergleichbaren Garten weilen, vollzieht sich sozusagen ein »Wiederanschluß an die Große Mutter«[24], von der ja schließlich die Veränderung und Verwandlung ausging. Freilich sehen

die Beteiligten und damit dieser dritte Garten doch anders aus
als der, von dem alles seinen Ausgang nahm:

>»Ein verschlossener Born ist meine Schwester,
ein versiegelter Quell.
Die Triebe des Hains sind Granatäpfel
mit köstlichen Früchten,
Safran, Würzrohr und Zimt samt allen kostbaren Balsamen.
Der Gartenquell ist ein Brunnen lebendigen Wassers,
wie es vom Libanon rinnt.
Nordwind, wach auf,
Südwind, komm,
durchwehe meinen Garten,
daß seine Düfte strömen!
Mein Geliebter komme in seinen Garten
und esse von seinen allerbesten Früchten!
Ich komme in meinen Garten, meine Schwester Braut,
ich pflücke meine Myrrhe und meinen Balsam,
ich esse meine Wabe und meinen Honig,
ich trinke meinen Wein und meine Milch.
Eßt, Gefährten, trinkt,
und berauscht euch an der Liebe!«[25]

Erst jetzt, wo die Erweckung unter dem Apfelbaum stattgefunden hat, auch dank des weiblichen Weges durch die Unterwelt, kann der Geliebte den neuen, anderen Garten sehen,
kosen und genießen. Es ist kein heiliger Hain mehr, oder
anders: Der heilige Hain ist jetzt ihr körperlicher Reiz, speziell
ihr Schoß. Es ist also ein sehr individueller Garten, der am
Ende des Weges von Garten zu Garten liegt, einer, der bisher
verschlossen gewesen ist und in den nun einzugehen der
Geliebte würdig ist. Auch dies ist natürlich wieder eine Anspielung auf den Ritus der »Heiligen Hochzeit«, der so faszinie-
rend und dominant alle altorientalischen Religionen
beherrscht. Israel hat ihn bekämpft, aber eben doch nicht zum
Verschwinden bringen können. Er bleibt hinter jeder erotischen Beziehung ahnungsweise stehen. Deshalb stellt das
Hohelied mit seinen dem mythischen Geschehen entlehnten
Gottesbildern auch keine Forderungen auf, wie Frauen oder
Männer unbedingt zu sein oder zu handeln hätten. Es versucht
vielmehr anhand der drei Gärten zu beschreiben, was ohnehin

geschieht. Die Verwandtschaft mit dem kanaanäischen Ischtar-Mythos zeigt, daß dies nicht bewußtem Vorsatz entspringt, wohl aber als Auswirkung archetypischer Grundmuster anzusehen ist. Diese freilich können sich, wie wiederum Israel beweist, unter anderen religiösen und kulturell-gesellschaftlichen Bedingungen immer noch kräftig verändern.

Es bleibt noch zu fragen, ob wir heute mit dem Begriff »Heilige Hochzeit« mehr verbinden als nur eine religionsgeschichtliche Erinnerung. Darauf hat Helmut Barz in seinem Buch über den Feminismus eine einleuchtende Antwort gefunden. Er erinnert an den für westlich-christliche Vorstellungen geradezu revolutionären Zusammenhang von Hochzeit – als körperlicher Vereinigung zwischen Frau und Mann – und »Heiligkeit«[26]. Wie würde eine heilige Sexualität oder eine sakramentale Erotik aussehen? Der Mythos der »Heiligen Hochzeit«, wie er dem Hohenlied ursprünglich vorgelegen hat, wäre wegen seiner unbewußten und darum sehr ambivalenten Archaik kein Modell für eine heutige sakramentale Erotik. Wohl aber gäbe das Hohelied selbst mit seinen drei Gärten einen sinnlich nachvollziehbaren Weg ab.

Was der Mann bei seinem Gang aus dem ersten Garten in den Unterweltsgarten zu leisten hätte, veranschaulicht Barz durch einen Rilke-Vers:

»Siehe, innerer Mann, dein inneres Mädchen,
dieses errungene aus
tausend Naturen, dieses
erst nur errungene, nie
noch geliebte Geschöpf.«[27]

In der Unterwelt geschieht so etwas wie die liebende Annahme des »inneren Mädchens«, aber gerade eben diese Annahme macht denn auch dazu fähig, dem »äußeren Mädchen« als nunmehr »geliebten Geschöpf« zu begegnen. Man darf sich diesen Weg übrigens nicht als zeitliches Nacheinander vorstellen. Mythisch-religiöse Texte wollen immer gleichzeitig, synchron wahrgenommen werden, wenngleich sie ihre Aussage, wie hier zum Beispiel, in das Gewand von aufeinanderfolgenden »Gärten« kleiden[28]. Der Weg der Frau hingegen ist, vor allem in patriarchaler Umwelt, keineswegs leichter als der des Mannes. Auch sie unterliegt der Versuchung, den geliebten Mann zum Gott, Geistvater oder Ideenproduzenten zu machen, der aber gefälligst keine unpassenden Emotionen zu zeigen hat. Deshalb tut ihr die Trennung vom Geliebten aus dem ersten Garten so besonders weh. Es hilft ihr keine Klage, kein Traum, keine Rache: Auch sie muß in die Unterwelt, suchend. Erst dort begegnet sie ihrem inneren Mann. Das bewirkt sofort, daß aus dem Todesgarten ein knospendes Gehege wird, eine ausgleichende, ja rettende Möglichkeit. Sie wird bewußt.

Wie man sich ihr Bewußtwerden sinnlich vorzustellen hat, kann man noch einmal bei Barz ablesen: »Dieses weibliche Bewußtsein macht sich nicht gewaltsam vom Unbewußten los (sie trennt sich nicht gewaltsam vom ersten Garten, Anm. Vf.), es widersteht der Versuchung, sich selbst absolut zu setzen (sie macht sich auf den Weg in die Unterwelt). Indem es seinen Ursprung nie vergißt, geschweige denn verleugnet, ist es zwar weniger scharf und trennend als das männliche Bewußtsein, damit aber auch weniger einseitig, weniger zerstörerisch, mehr verbindend. Das weibliche Bewußtsein hat gewissermaßen mehr Zeit als das männliche; es verläßt sich mehr auf die im Unbewußten herrschenden Kräfte der allmählichen Wandlung als auf ungeduldige Veränderungssucht des einseitigen männlichen Bewußtseins, dem Erkennen, Handeln und Haben mehr bedeuten als Ahnen, Geschehenlassen und Sein.«[29]

Im dritten Garten des Hohenliedes vollendet sich ein Weg, ein erotischer Prozeß, eine Liturgie, die ihrerseits in einem Garten ihren Ausgang nahm. Es ist nach dem Geschilderten verständlich, daß zum Beispiel Dorothee Sölle bei ihrer Suche nach Spuren von Ganzheit und Solidarität in die Gärten des Hohenliedes gerät: »Wie im Garten Eden gibt es auch im Garten der Liebe Brunnen und Ströme, aus denen man trinken kann. Der Unterschied ist nur, daß die Liebenden einander einladen dürfen, von den ›köstlichen Früchten‹ des Gartens

Emil Noldes Gartenbild zeigt ein Liebespaar mit seinem dunklen und hellen Aspekt. Das Gelb der Zitrone, für den Nordländer eine Frucht aus dem Land seiner Sehnsucht, hat eine auslösende, in Bewegung setzende Wirkung.

TAFEL II
EMIL NOLDE (1933) IM ZITRONENGARTEN

zu essen. Es gibt kein Verbot, dessen Übertretung mit der Todesstrafe bedroht würde, und von Gehorsam und Ungehorsam ist nicht die Rede.«[30] Gleichwohl steht das Hohelied mit seinen Gärten der Liebe nicht im klaren Gegensatz zur »Fluchtradition« der Geschichte vom Sündenfall, wie Dorothee Sölle meint. Es ist eher die partielle und für den irdischen Augenblick oder die irdische Beziehung gedachte Rücknahme des Fluches. Das Lied läßt an die Möglichkeit glauben, daß dieser Garten am Ende vielleicht immer wieder geöffnet wird.

Damit verlassen wir die Gärten des Hohenliedes. Wir haben gesehen, daß auch sie als die großen Verwandler wirken, die eine Ursprungsbeziehung über einen Unterweltsweg wandeln. Im Fall der jüdischen Version des Hohenliedes wird eine Frau-Mann-Beziehung zu größerer Reife gewandelt. Das geschieht nicht durch technische oder psychologische Tips, sondern durch symbolische Bilder. Die menschliche Natur und die erotische Beziehung werden also nicht als manipulierbares Objekt von Ausbeutung oder Herrschaft verstanden, sondern als ein Garten erfahren, der wachsen kann, indem er menschliche Wesen wachsen läßt. »Der Mensch als Teil« des Gartens »begreift das Ganze nicht«, hat C. G. Jung einst in seinen Erinnerungen über den Eros gesagt. Der Mensch ist dem Eros sogar unterlegen. Aber »die Liebe ist sein Licht und seine Finsternis, deren Ende er nicht absieht«[31]. Insofern ist das Hohelied – bei allem Jubel über seine wörtliche Bedeutung – eben doch eine symbolisch-kulturelle Geschichte, weil sie Bilder abgibt für die »rituellen« Handlungen heutiger Menschen. Immer noch können die Gärten des Hohenliedes zu dem werden, was Friedrich Nietzsche der Erde wünscht, »eine Stätte der Genesung«[32].

Es ist übrigens kein Zufall, daß das Hohelied in der jüdischen Synagoge jährlich am gleichen Tag, an Ostern[33], gelesen wird wie die Passionsgeschichte Jesu und der Bericht über das Ostergeschehen. Wir wollen deshalb die Gärten, die am Ende der Evangelien genannt werden, vor dem Hintergrund der »Liturgie« des Hohenliedes zu verstehen suchen.

Die Gärten der Evangelien

Wir begegnen dem Garten im Neuen Testament
geradezu auffällig dort,
wo nach übereinstimmender Einsicht
das Zentrum der Evangelien liegt:
in den Passions- und Auferstehungsberichten.

Eine Tagebuchnotiz von Luise Rinser: »Ostermorgen. Vor Sonnenaufgang im Garten. Unter den Eichen ein Teppich aus blauen Anemonen. Ich erbitte mir ein Zeichen, einen himmlischen Gruß. Mitten unter Hunderten von Anemonen erscheint eine weiße. Eine einzige weitum. Erinnerung an Jerusalem ... mein Guide und schon Freund führte mich in den Ölhain, in dem das Grab Jesu ist, wie viele glauben. Wir sitzen auf einer Bank in Grabesnähe, wir sind ganz allein zu solch früher Stunde, die Vögel singen, wir sind ganz still. Da taucht zwischen den Ölbäumen ein Mann auf, der Olivenhain-Wächter, der Gärtner. Wir schauen beide zugleich hin, dann schauen wir uns an, unsere Herzen klopfen. Ich stehe auf und gehe ein paar Schritte dem Gärtner entgegen. Aber er ist nicht mehr da. Da ich vorher in Bethlehem gewesen war und in Nazareth und am See Genezareth und in Kanaan und in Bethanien und im Garten der Todesangst und Verhaftung, und da ich den Kreuzweg gegangen war bis zum Gerichtsgebäude und dann zur Schädelstätte – warum sollte ich ihn am Ende nicht eingeholt haben hier am Felsengrab? Mein Armenier, guter Christ und gut leid-erfahrener Mensch, er ist blaß geworden. Wir suchen den Garten ab, aber da ist kein Gärtner und kein Wächter.«[1]

Diese Eintragung, aufgezeichnet von einer aufgeklärten Literatin im 20. Jahrhundert, berührt merkwürdig. »Eine Verwechslung«, könnte man achselzuckend sagen; »eine Täuschung der Sinne«, die sowieso schon bereit waren, zu dieser Zeit und an diesem Ort »ein Zeichen« wahrzunehmen. Es macht jedoch nachdenklich, daß immer wieder solche Zeichen »gesehen« worden sind. Es ist geradezu das wichtigste Kennzeichen der christlichen Osterberichte, daß sie von solchen »Sichtungen« reden. Sie geschehen, wie zum Beispiel beim jungen Sadduzäer Saulus, allemal unter freiem Himmel, auf dem Weg meinetwegen von Jerusalem nach Damaskus oder auf dem Weg am Ostermorgen im Garten. Dieser »Wegcharakter«, verbunden mit dem Ort (Garten), erinnert an den bereits geschilderten Gartenweg des Hohenliedes. Der verdankte sich viel älteren und ursprünglicheren Gartenbildern, die in der kanaanäischen Umwelt, in Babylon, vor allem aber in Ägypten beheimatet waren. Diese Bilder wurden aber von den Juden aufgenommen und nicht verdrängt. Wir begegnen dem Garten auch im Neuen Testament geradezu auffällig dort, wo nach übereinstimmender Einsicht das Zentrum der Evangelien liegt: in den Passions- und Auferstehungsberichten. Sie sind, wie bei Lukas übrigens das gesamte Evangelium, als »Weg« beschrieben: Es gibt einen »Leidensweg« vom letzten Mahl in den Garten der Verhaftung, Verhör, Verspottung, Verurteilung über die Kreuzigung, die – nach dem Hebräerbrief – außerhalb der Mauern stattfindet, bis hin zum Ostermorgengarten mit seiner so wichtigen Wiederbegegnung.

Bereits das letzte Mahl, ob historisch so geschehen oder nicht, zeigt einen Jesus, der sich über diesen »Weg« klar wird. Aber vollständige Klarheit bekommt er erst an einem Ort namens Gethsemani. Zwei seiner Jünger nimmt Jesus mit sich. Ihnen sagt er:»Meine Seele ist betrübt bis in den Tod. Bleibet hier und wachet mit mir.«[2] Nachdem er sich einige Schritte von den Jüngern entfernt hat, »fällt er auf sein Angesicht nieder und betet: Mein Vater, wenn es möglich ist, so gehe dieser Kelch an mir vorüber. Doch nicht wie ich will, sondern wie du willst.« Aber als er zurückkehrt, findet er seine Jünger schlafend. Er sagt zu Petrus:»So konntet ihr nicht eine Stunde mit mir wachen? Wachet und betet«, bittet er sie von neuem. Vergeblich, wie sich herausstellt, als er nach einer Weile abermals zurückkehrt. Er »fand sie wieder schlafend, denn die Augen waren ihnen schwer geworden«.

Dieser Garten Gethsemani, in den die drei gegangen sind, war ein Ölbaumgarten. In jüdischer Tradition sind die Ölbäume die Leuchter Gottes. Die Ölbäume, das drückt dies Bild aus, sind ein Sinnbild zentraler Lebenssubstanz des Morgenländers. Sie machen ihm den Lebenssinn bewußt und erleuchten ihm die Welt[3]. Darum sucht er sie auf. Darum preßt er ihr Öl und ißt und gebraucht es. So ist es gar nicht verwunderlich, daß auch Jesus den Ölbaumgarten aufsucht: Er möchte ein Zeichen, das ihm Klarheit geben könnte über den fremden Willen, den er über sich verspürt. Wenn er drei Gefährten mit in den Garten nimmt, dann könnte damit angedeutet werden, daß er diese Sinnsuche gern gemeinsam und in größter Aufmerksamkeit angegangen wäre. Aber die Jünger werden vom Schlaf übermannt.

Seit dem Abenteuer des Gilgamesch wissen wir, daß der Sieg über den Schlaf, das »Wach-Bleiben«, die härteste Initiationsprüfung darstellt[4]. Sie zielt nämlich auf eine Art Verwandlung der profanen Seinsweise. Man erlangt »Unsterblichkeit«. Doch hat sich diese Prüfung, diese initiatische Wache – obwohl sie nur auf einige Stunden begrenzt war – als zu schwer für menschliche Kräfte erwiesen. Jesus selbst freilich fällt nicht in den Gartenschlaf. Denn er, der »betrübt war bis an den Tod«, hatte diesen Garten ja gerade aufgesucht als Mittel gegen seine entmutigte Seele. Er schlief nicht, sondern sprach seine Entmutigung aus. »Abba«, sagte er. Durch die Geistesgegenwart dieser Vertraulichkeit bleibt seine Seele wach. Da war sonst kein Zeuge im Garten, der hätte zuhören können, was dort gesprochen wurde: »Die eine Stunde will Petrus nicht wachen, von der der Sohn wünscht, sie könne anders vorübergehen. Den bitteren Kelch, der unverteilt bleibt im letzten Mahl, mußte er allein leeren. Da wollten nicht alle daraus trinken. Wenn der Sohn keinen Zeugen hat, weil es in der Stunde des Alleinseins keinen Zeugen gibt, dann muß er selbst den Erzähler stellen, dadurch daß er zurückkommt auf seine Todesangst...«[5] Indem die christliche Tradition der Urkirche den Mythos vom sterbenden Gott am Geschick Jesu von Nazareth wiederentdeckte, verwandelte sie ihn zugleich. Denn sie bezog ihn nun auf diese geschichtliche Person »Jesus«. Darin liegt – bei aller Archetypik – die Besonderheit dieser Gartengeschichte.

Es hatte in den Evangelien aber bereits vor diesem dramatischen Ende und Auferstehen einen nicht minder merkwürdigen Hinweis Jesu auf einen heiligen Raum gegeben. Beim letzten Mahl nämlich band er seinen Leib und sein Blut an Brot und Wein. Leib und Blut aber bilden den Raum, in dem und mit dem ein Mensch sein irdisches Leben verbringt. Sie sind sozusagen sein heiliger Bezirk, sein Tempel oder sein Hain. Wenn nun Jesus diesen Raum, seinen Leib und sein Blut, den Jüngern übergibt, dann läßt er sie daran teilhaben. Er stellt seinen Körper, seinen eigenen Hain, zur Verfügung. Man kann auch sagen, daß er mit dieser Tat den einstmals verschlossenen Garten symbolisch wieder öffnet, indem er die Möglichkeit andeutet, daß man mit ihm, der Leib und Blut war, wieder in innige Verbindung treten könne. Daß dieses Angebot eines existentiellen Raumes, des Leibes und des Blutes, verschlafen wurde, bekämpft oder häufig nicht erkannt, ist die Tragik jener anderen Geschichten, die in den Gärten des Lebensendes Jesu spielen. Gethsemani, die Schädelstätte und der Ostergarten sind bereits vorgezeichnet gewesen im Angebot Jesu, seinen Leib und sein Blut wahrzunehmen.

Das Drama beginnt denn auch im Garten Gethsemani mit einer eigentlich als Liebesgeste gedachten Handlung. Der Kuß des Judas macht aus einem für die Liebe geschaffenen Ort einen Platz des Verrates. Schon das ist ein kleiner Hinweis darauf, daß, wo Liebe und Vertrauen gedeihen, die Pflanze »Verrat« ebenfalls bald zu finden ist. Man wird sie nicht aus dem schönen Garten herausbekommen. Ohne Bild gesprochen: Die Verhaftung Jesu geschieht in einem Garten, in den Polizei und Soldaten eingebrochen sind. Es war ein Gartenfreund Jesu, der sie in diesen Bezirk geführt hatte. Bald darauf ist es dann ein Ort außerhalb der Mauern der Stadt, Golgatha, der den qualvollen Tod des Verratenen sah.

Man kann diesen »Golgatha«, Schädelstätte, genannten Ort mit der Unterwelt und mit dem Nußgarten des Hohenliedes vergleichen, obgleich sich das Gartenbild an dieser Stelle der Passionsgeschichte zu Recht nicht mehr einstellen will und obwohl nur bei Johannes von einem Garten gesprochen wird, der nahe bei der Kreuzigungsstätte gelegen hat[6]. Es ist denn auch nicht verwunderlich, daß die Auferstehungsgeschichten wieder in einem Garten beginnen, wenn man den Berichten des Lukas und des Johannes folgt. Matthäus und Markus nennen keinen Ort. Die historisch-kritische Exegese hat gemeinhin dem Gartenort an diesen Stellen keine weitere Beachtung geschenkt. Dafür jedoch haben Kunst und Liturgie sich zu allen Zeiten vom »Ort« und von der »Zeit« des Geschehens angezogen gefühlt. Das gilt auch für die Frage, was die Frauen (bei Lukas) oder was die Magdalena (bei Johannes) mit ihren Salben beim Grab wollen. Offensichtlich betreten wir mit dem Auferstehungsgarten des Ostermorgens einen merkwürdigen Zwischenbereich zwischen Diesseits und Jenseits, zwischen »Traum und Tod«[7]. Auch hier, diesmal auf anderer Ebene, gehört der Gartenort zu einem Ort der Wandlung. Wie das zu verstehen ist, kann man an jener Gartengeschichte sehen, die bei Johannes überliefert ist.

Zuvor aber muß noch der Brauch der Salbung bedacht

werden, von dem die drei Evangelien berichten. Denn diese »Bearbeitung« und Pflege des toten Körpers hatte ursprünglich einen religiösen Sinn, der eng mit dem Zwischenbereich des Gartens zusammenhängt. Marie-Louise von Franz erwähnt zwei alte ägyptische Texte, die über das Salbungs- und Mumifizierungsritual Auskunft geben. Die Salben und Öle waren ursprünglich »Ausflüsse der Götter«, also göttliche Substanzen. Man salbte einen Toten, um ihm wieder zur Einheit seiner Person zu verhelfen. »In psychologische Sprache übersetzt, wird der Leib des Toten in ein Bild des kollektiven Unbewußten und in dessen Einheitsaspekt, in das Selbst, verwandelt.«[8] Es ging, um es anders zu sagen, beim Salben um eine Hilfe zur »Auferstehung«, die psychologisch als »Einswerdung des individuellen Selbst mit dem kollektiven Selbst«[9], theologisch als Einswerdung des Sohnes mit dem Vater verstanden wurde. Es ist also ein pietätvolles, zum anderen Leben verhelfendes Verhalten, das die Frauen (nach Lukas) oder die eine Frau (nach Johannes) auf den Weg bringt.

Wir halten uns an die johanneische Überlieferung, weil Maria Magdalena im Verlauf der Traditionsübermittlung immer mehr fasziniert hat. In einer gnostischen Schrift heißt es sogar, Jesus habe gesagt: »Maria Magdalena und Johannes, der Jungfräuliche, werden alle meine Jünger überragen.«[10] Von dieser Maria Magdalena sagt das Johannesevangelium gleich zu Beginn des Gartenkapitels (Johannes 20): »Sie brach auf, als es noch finster war.« Finsternis und Nacht gelten gerade im Johannesevangelium weniger als chronologische, sondern eher als eine Art seelische Zeitangabe. So heißt es zum Beispiel, als Judas, der Verräter, den Abendmahlssaal verläßt: »Es war aber Nacht.«[11] Der Evangelist beschreibt mit dieser Zeitangabe den Zustand oder die Verfassung seiner handelnden Personen[12]. Wenn also Maria Magdalena aufbrach, als es noch finster war, dann geht sie mit einem Gefühl von Vergeb-

Formen und Farben als Ausdruck seelischer Landschaft: Maurice Denis (1870–1943) hat die Begegnung am Ostermorgen in mehreren Bildern gestaltet. Das Weiß der Engel und der Frauen im Vordergrund, Zeichen für den Neuanfang, korrespondiert mit der rötlich-weißen, erotisch gefärbten mystischen Gestalt des Gärtners und mit der dunklen knienden Frau im Hintergrund. Deutlich trennt das Gitter die vordere und hintere Szene.

TAFEL III
MAURICE DENIS (1894) SAINTES FEMMES AU TOMBEAU

lichkeit und mit schweren Zweifeln an sich selbst und an ihrem Tun auf den Weg. Erst im Garten löst sich etwas: zunächst die Tränen. Vielleicht sind es Tränen über die beerdigten Möglichkeiten ihres eigenen Lebens, die mit dem Tod des Geliebten dahingegangen sind. Aber ebenso provozieren die Tränen Fragen, die in der Geschichte sogar zweimal wiederholt werden. Dadurch wirken sie noch dringlicher. Zunächst fragen zwei weiße Engel: »Weib, was weinst du?« Diese beiden weißen Gestalten markieren an ihrem Platz im Grab genau die Lage, wo die Weinende den zu salbenden Herrn erwartet hat. Die ausdrücklich erwähnte Farbe der Kleider hat symbolische Bedeutung, denn weiß »ist Ausdruck des Absoluten, des Anfangs und des Endes, der Fülle und der Leere sowie deren Vereinigung... Als Farbe des Lichts bedeutet Weiß Erleuchtung, Verklärung, Auferstehung und Vollkommenheit«[13]. Der Leser ahnt schon hier, wovon die Geschichte handeln wird: Es fängt etwas überraschend Neues an, etwas, was mit Erleuchtung oder Erkennen zu tun hat. Darauf deutet die Farbe Weiß.

Die Frage der Engel wird dann später noch einmal vom »Gärtner« wiederholt. Diese fragende Art übrigens von Engel und göttlicher Person zieht sich durch die gesamte biblische Tradition. Es geht bei allen diesen Fragen nicht darum, dem Göttlichen einen ihm unbekannten Sachverhalt mitzuteilen. Es sind vielmehr Fragen, die der betroffene Mensch sich um seiner selbst willen irgendwann einmal stellen muß, wenn er die Wahrheit seines Lebens nicht verfehlen will. Tränen können ja auch sehr viel Selbstmitleid, Zorn und Vorwurf verraten. Sie können aber ebenso auch lösend wirken, zum Beispiel dann, wenn man nach dem Grund der Tränen fragt. Der liegt zweifellos in dem gewaltsamen Trennungserlebnis, das der Tod für jeden Zurückbleibenden bedeutet: »Sie haben ihn mir weggenommen«, heißt es deshalb zuerst ganz richtig. Dann aber fragt Maria konkret: »Herr, hast du ihn weggenommen, so sage mir, wo hast du ihn hingelegt? Ich will ihn holen.«[14] Seine Antwort: »Miriam!« Ihr Name genügt, um sie unverwechselbar zu machen. Jetzt erst, nachdem sie bei ihrem Namen gerufen ist, erkennt sie ihre Verwechslung. Es ist nicht der Gärtner, sondern »Rabbuni, mein Meister«. Zur gegenseitigen Erkenntnis im Garten gehört allerdings, so will es die

Johanneserzählung, eine Konversion, eine Umwandlung. Maria muß sich vom Grab wegwenden, um den Gärtner zu sehen. Erst danach kann sie im Hüter des Gartens den göttlichen Menschen Jesus erkennen in seiner lebenszugewandten, dem Grabe fernen Tätigkeit.

War »der Gärtner« denn nun wirklich eine Verwechslung? Für die spätere kirchliche Liturgie gehören göttlicher Mensch und Gärtner eng zusammen. Die Kirche sieht die Gartensymbolik der Ostererzählung denn auch wie vorgezeichnet im Hohenlied. (Es ist kein Zufall, daß die Synagoge just in der Osterzeit ebenfalls das Hohelied liest.) Maria Magdalena wird in späterer kirchlicher Symbolik zu einem Bild der Kirche, zu einer erkannten Geliebten, die den Bräutigam erwartet. Folgt man dem Hohenlied, dann weiß man auch, was nach der Begegnung im Garten stattfinden wird. Eine Mahlzeit wird angerichtet werden, vorabgebildet im Hohenlied: »Esset, Freunde, trinkt und werdet trunken vor Liebe.« So lädt die Weisheit, die Sophia, oder die Braut ihren Freund, den Liebhaber der Weisheit (Philosophen), an den Tisch.

Das Bild vom Garten im Johannesevangelium und das im Hohenlied der Liebe sind in der orthodoxen Liturgie eng aufeinander bezogen worden. Man wollte Ostern als das Fest von Logos und Sophia, von Wissen und Weisheit, von Brautkirche und auferstandenem Gärtner verstehen[15]. Darum der Ort, darum aber auch die Zeit: »am dritten Tage«. Es ist der gleiche Tag, an dem auch jene eigentümliche Hochzeit zu Kana[16] stattgefunden hat. Die Kirche hat dies später wie in einem antiken Drama in ihrer Liturgie zusammengezogen. Sie verstand die Einheit von Zeit, Ort und Handlung als Grundlage ihrer Liturgie. Ein orthodoxer Theologe sagt: »Die Zeit ist der Morgen, der Ort ist der Garten, die Handlung ist das Mahl. Der Morgen ist der Ostermorgen, der Morgen des ersten Tages; der Garten ist der mystische Garten, von dem die Schrift sagt, daß bei der Stelle, wo sie Jesus kreuzigten, ein Garten war, wo der Gärtner am Morgen der Auferstehung der Maria Magdalena erscheint; das Mahl ist das Morgenmahl aus Johannes 21,12, wozu die Gemeinde der schauenden Getreuen eingeladen wird. So gesehen, ist der Morgen die Ewigkeit, der Garten ist das Paradies, und das Mahl ist die Hochzeit.«[17]

Dies Zitat zeigt das Bemühen, nun auch im Ritus der Kirche zu erkennen, was bereits Mircea Eliade für jedes strukturierende menschlich-religiöse Bemühen annahm: einen heiligen Ort, eine heilige Zeit und eine heilige Handlung. Diese »sakramentale« Deutung bedient sich, wie wir gesehen haben, des Gartens, weil er und seine Umgebung wie eine Art »Verwandler« wirken.

Was jedoch verwandelt sich bei der Johannesszene? Neben der Wandlung von Maria Magdalena wird wohl auch die Verwandlung Jesu selbst beschrieben, freilich rätselvoll. Den Berührungsimpuls der Frau wehrt er ab: »Rühr' mich nicht an, denn ich bin noch nicht zum Vater aufgefahren.« Die erfahrbare Wirklichkeit hinter diesem dunklen Wort hat erst die neuere Todesforschung wieder ans Licht gebracht. Tote nämlich verlieren mit ihrem Tod das, was man menschliche Wärme nennt: ihre Affekte, Emotionen und Begierden. Marie-Louise von Franz erwähnt dazu einen Traum, in dem ihr der gerade gestorbene Vater begegnet: »Ich wollte ihn umarmen, aber er wehrte es mit einer Handbewegung ab.«[18] Vielleicht sollen die Welt der Lebenden und die der Toten einander nicht zu nahe kommen, vermutet die Autorin. Es wäre für Maria Magdalena zu gefährlich gewesen, wenn die Hochzeit und Umarmung mit ihrem Meister wirklich im Garten stattgefunden hätte. Auch C. G. Jung erwähnt dies seltsame Aufhören menschlicher Wärme jenseits der Todesschwelle: »An der gefühlsmäßigen Verbundenheit liegt den Menschen im allgemeinen sehr viel. Aber sie enthält immer noch Projektionen, und diese gilt es zurückzunehmen, um zu sich selbst und zur Objektivität zu gelangen. Gefühlsbeziehungen sind Beziehungen des Begehrens, belastet von Zwang und Unfreiheit; man erwartet etwas vom anderen, wodurch dieser und man selbst unfrei werden. Die objektive Erkenntnis steht hinter der gefühlsmäßigen Bezogenheit; sie scheint das zentrale Geheimnis zu sein.«[19]

Dies Geheimnis ist in der Gartengeschichte angedeutet, wie mir scheint. Es würde auch erklären, warum Maria Magdalena am Ende wieder aus dem Garten hinausgeschickt wird: Sie kann und darf dort im Zwischenbereich von Diesseits und Jenseits nicht bleiben. Aber es wird ihr nach der Rückkehr aus dem Garten ähnlich wie Luise Rinser gegangen sein: Wer einmal den Gärtner als Erscheinung Christi gesehen zu haben glaubt, wird ihn immer wieder suchen, eben weil das Christentum in seinen Passions- und Auferstehungsgeschichten den Archetyp des Gartens und des göttlichen Erlösers mit der individuell geschichtlichen Person Jesu verbunden hat. Es ist da eine glückliche Verbindung geschehen: Diese Synthese im Garten aus Jesus und göttlichem Erlöser, aus Individuellem und Kollektivem, Geschichtlichem und Ewigem, Menschlichem und Göttlichem gab die eigentliche Formel zur Vermenschlichung des Menschen, zu seiner Erlösung aus der dumpfen Verfallenheit an das Unbewußte auf der einen Seite und aus der isolierten Einseitigkeit eines reinen Bewußtseins auf der anderen Seite ab[20]. Denn menschlich wird man erst, wenn man eine unverwechselbare Einzelperson sein darf, ohne jedoch den Anschluß an die großen kollektiven Bilder von Garten und Erlöser zu verlieren.

Woher nahm der christliche Glaube die Kraft zu einer solchen Synthese? Es war der in der Gartengeschichte zum Ausdruck gebrachte Glaube, eine Art Wiedererkennen, der die Angst der Maria zu bannen vermochte, ohne daß sie nun wieder zwanghaft an den göttlichen Menschen gebunden worden ist. Sie konnte und mußte den Garten als den nunmehr österlich zur Auferstehung führenden Ort wieder verlassen. Im Unterschied jedoch zum Paradiesgarten der Genesis handelt es sich beim Verlassen dieses Gartens nicht um eine Vertreibung. Denn Maria Magdalena geht mit einem göttlichen Auftrag.

Die Gärten des Labyrinths

Die einzige Sackgasse eines Labyrinths
liegt im Zentrum.

Hermann Kern

Die Rückkehr der Maria aus dem Auferstehungsgarten zu den Brüdern führt in jenen Bereich, den die Tradition mit Bau und Bild des Labyrinths auszudrücken gesucht hat. Ehe die Beziehung dieser seltsamen Gestalt zum Garten gesucht werden soll, möchte ich ein kleines, gar nicht lange zurückliegendes Erlebnis berichten: Eine Theologin forderte die Teilnehmer eines Seminars in einer Evangelischen Akademie der Bundesrepublik kürzlich dazu auf, mit ihr die Passions- und die Auferstehungsgeschichte nachzuspielen. Sie hatte in einem Raum weiße Fäden zu einem Labyrinth zurechtgelegt. Die Rollen wurden verteilt. Eine Frau übernahm die Jesusrolle, nachdem sie zuvor leicht gezögert hatte: »Ich möchte gern, aber darf ich das?« Sie durfte. Dann ging sie, zusammen mit ihren Anhängern und Anhängerinnen, in dies Bindfadenlabyrinth hinein. Dazu las die Gruppenleiterin einen Abschnitt nach dem anderen aus der Passionsgeschichte, insgesamt sieben Stationen, wie bei den alten Kreuzwegstationen, die der katholischen Kirchentradition noch heute wohlbekannt sind. Im Zentrum des Labyrinths, also genau in der Mitte, wurde dann die Kreuzigungs-, Todes- und Auferstehungsszene gelesen. Für die Beteiligten war dies Erlebnis eines »Passionspfades« ein außerordentlich dichtes und ergreifendes Unterfangen. Sie reden noch heute davon, nach mehr als einem Jahr. Damit ist meine Geschichte jedoch noch nicht zu Ende. Elisabeth Motschmann, ebenfalls Teilnehmerin dieses Seminars, hat über diese kleine Spielszene im Labyrinth später einen aufsehenerregenden, distanzierenden Bericht geschrieben, der in der Hamburger Wochenzeitung »Welt am Sonntag«[1] veröffentlicht wurde. Darin beschreibt sie, wie sie in den Raum gekommen ist, wie sie die Labyrinthfäden auf dem Fußboden gesehen hat und wie die spielenden Frauen und Männer anzusehen waren.

»Schwarze Messe«, fiel ihr dazu ein, eine Veranstaltung finsteren »Neuheidentums«. Man könnte über dies Seminar und über die heftige Kritik in einer überregionalen Tageszeitung mit Achselzucken hinweggehen, verriete das gesamte Geschehen nicht eine außerordentliche Erregung und Energie: Das Labyrinth und die Passionsgeschichte haben vielleicht mehr miteinander zu tun, als den Teilnehmern, zumindest den Kritikern des Seminars, damals bewußt gewesen ist. Denn

ursprünglich war das Labyrinth keineswegs ein einfacher Irrgarten, wie die Barockgärten des 16. und 17. Jahrhunderts
glauben machen könnten. Vorher »weisen alle Labyrinth-
Darstellungen bis zur Renaissance nur einen einzigen Weg
auf, bieten also keine ›Verirrungsmöglichkeit‹!«[2] Man kann
sich im Labyrinth also gar nicht verlaufen. Es ist eine Art
Einbahnstraße und gibt nur Sinn, wenn man es von oben
betrachtet; der architektonische Grundriß macht eine typische
Bewegungsfigur sichtbar: »Diese beginnt in einer kleinen
Öffnung der Außenmauer und führt nach vielen Umwegen, die
zum Abschreiten des ganzen Innenraumes nötigen, zum Zentrum. Im Gegensatz zu einem Irrgarten ist dieser Weg kreu-
zungsfrei; er bietet keine Wahlmöglichkeit, führt also zwangs-
läufig zur Mitte und endet dort. Die einzige Sackgasse eines
Labyrinths liegt demnach im Zentrum. Dort muß der Besu-
cher seine Gehrichtung ändern...«[3]

Jeder verbindet mit den Namen Labyrinth die Geschichte
von Dädalus und Ikarus oder von Ariadne und Theseus. Nur
wenige antike Mythen sind so reich an faszinierenden Bildern
wie die Geschichte des Dädalus, der einst das Labyrinth
gebaut haben soll, um sich selbst darin zu fangen. Wir begegnen hier, wie so häufig, jenem Übergang von matriarchalischer
zu patriarchalischer Kultur.[4] Dädalus, der Mann, kennt eben
nicht mehr den Sinn des Labyrinths, dessen Erbauer er zwar
gewesen sein soll, was aber nicht stimmen kann. Er war
allenfalls ein Nachahmer, der jedoch den Sinn seiner Mimesis
nicht mehr erkennen konnte und deshalb Flügel brauchte, um
dem vermeintlichen Unsinn des Labyrinths nach oben zu
entfliehen. Darin gleicht er in gewisser Weise der erwähnten
hysterischen Reaktion der heutigen Kritikerin des Labyrinths:
Auch sie versucht, sich dem »neuheidnischen Unsinn« durch
abwertende Kritik »nach oben« zu entziehen. Aber so leicht
kann man es sich mit Symbol und Mythe des Labyrinths nicht
machen. Es hat ja mannigfache Aufnahme in italienischen
und französischen Kathedralen gefunden. Diese Kirchenlaby-
rinthe sind zum Teil so sehr verwischt, weil im Lauf der Zeit
unzählige Füße ihrem Pfad gefolgt sind, so daß man sie heute
kaum noch erkennen kann. Das Labyrinth muß, als Gartenweg zum Zentrum, einen wichtigen Sinn für jene gehabt
haben, die ihm, konkret oder symbolisch, gefolgt sind. Man

meint inzwischen, daß das berühmte kretische Labyrinth von ägyptischen Bestattungsriten beeinflußt gewesen ist. Für unseren Zusammenhang ist es interessant, daß ihm viele Völker eine besondere Bedeutung beimaßen, die allerdings etwas – wie immer bei Gartenbildern – mit Tod und Leben zu tun hat.

So findet man im Südwesten der Insel Malekula, auf den Neuen Hebriden, eine Sandzeichnung mit dem Namen »der Pfad«, den die Bewohner noch heute nachzeichnen. Diese Zeichnungen werden von einem weiblichen Wächtergeist gemacht. Jedesmal wenn der Geist eines Gestorbenen den Weg herabkommt, wischt der Wächtergeist schnell die eine Hälfte des Labyrinths weg. Nun kommt der Geist herbei, aber er verliert die Spur und kann sie nicht wiederfinden. Er irrt herum und sucht einen Weg. Doch vergeblich. Nur die Kenntnis der komplizierten geometrischen Figur kann ihn aus seiner ausweglosen Lage befreien. Wenn er sie kennt, vervollständigt er die Hälfte, die der Wächtergeist weggewischt hatte. Er geht dann durch den Gang in der Mitte des Labyrinths hindurch. Wenn er aber den Plan des Labyrinths nicht kennt, wird der Wächtergeist, die Temes, die nun sieht, daß er den Weg nicht kennt, ihn aufessen[5]. Diese Vorstellung bringt das Labyrinth in Verbindung mit dem Tod und mit der Überwindung der Gefahren, die den Menschen auf seiner unvermeidlichen Reise erwarten. In seinen Anfängen hatte das Labyrinth offenbar immer mit dem Tod zu tun.

In dieser Erzählung von der Insel Malekula trifft viel zusammen. Wir greifen hier nur den doppelten Aspekt des Labyrinths heraus: Es ist Ort der Desorientierung ebenso wie Ort der Wiedergeburt. Darin ähnelt es dem babylonischen Paradies des Gilgamesch. Auch dort stand der Garten für die Möglichkeit, den Tod zu überwinden und zum ewigen Leben wiedergeboren zu werden. Einen Unterschied zum Malekula-Text gibt es allerdings. Der Wanderer, der bei dem Wächtergeist vorüberkommt, muß das Labyrinth schon kennen, wenn er die Sperre überwinden will. Er muß die fehlende Hälfte nachzeichnen, indem er einen Plan wiederholt, den er schon kennt. In der Antwort auf die Frage, woher der Wanderer das Labyrinth bereits aus dem Leben kennt, scheint mir die Antwort auf die psychische Notwendigkeit labyrinthischer Wege zu liegen. Wo also kann man den labyrinthischen Plan kennenlernen? In Malekula zeichnet ein Tänzer jährlich das Labyrinthmuster in den Sand. Er tanzt dann das Labyrinth hindurch. Was das heißt, werden wir gleich noch sehen. Vorher jedoch muß darauf hingewiesen werden, daß auch in Griechenland der Labyrinthweg getanzt worden ist. So berichtet Homer in der Ilias von einem Reigen, »jenem gleich, wie vordem in der weitbewohnten Knossos, Daidalos künstlich ersann die lockige Ariadne«[6]. Dabei handelt es sich ebenfalls um einen Labyrinthtanz. Auch Theseus soll sein Abenteuer im Labyrinth später mit einem Tanz mimetisch nachvollzogen haben. Mittels Tanz also kann man am Wissen um den Plan des Labyrinths partizipieren. Wenn man nun davon ausgeht, daß es sich bei diesem Tanz ursprünglich um einen Todestanz des zum Sterben bestimmten Jünglingsgeliebten der großen Göttin Ariadne handelte, dann haben wir im Theseus-Mythos die mimetische Form, wie das matriarchale Tanzgeheimnis mit den Mitteln des Weiblichen, eben mit Tanzen, hervorgelockt und für patriarchale Heroentätigkeit genutzt wird.[7] Der Ariadnefaden freilich, den Theseus braucht, zeigt, daß der Heros beim Ergründen der tiefen Geheimnisse des Labyrinths immer noch auf weibliche Hilfe, seine Anima, angewiesen ist. Denn der Weg des Labyrinths, der Tanz zum Zentrum, setzt eine gewisse Reife voraus. Man braucht einen bestimmten Grad von Körperbeherrschung und darf keineswegs ungeduldig werden. Im Labyrinth herrscht immer das »Prinzip Umweg«[8]. Der Innenraum muß maximal ausgeschritten sein. Das führt übrigens spätere barocke Gartenkünstler dazu, ihren Garten durch Anlegen labyrinthischer Wandelgänge größer scheinen zu lassen, als er in Wirklichkeit war.

Aber nicht nur der Raum wird extensiv genutzt. Auch die Zeit wird einem lang. Man kommt ja nicht auf geradem Weg zum Ziel. Es liegt eine gewisse »psychische Belastung«[9] in der Einsicht, daß ich die Mitte und das Ziel immer wieder zum Greifen nahe weiß, aber dennoch mich gleich wieder am äußersten, entgegengesetzen Ende vorfinde. Nur wer die Belastung dieses Weges aushält, kommt dann aber auch unweigerlich zum Ziel. Aber ähnlich wie im Garten der Auferstehung muß, um wieder ans Licht zu gelangen, eine Kehrtwendung um 180 Grad gemacht werden. Es gibt eine Umkehr im Zentrum, die vergleichbar ist mit der Auferstehungserfahrung. Hier liegt denn auch der Ansatz für eine christliche Übernahme des alten Wegsymbols vom Labyrinth: »Wer das Labyrinth verläßt, verläßt es nicht als alter Adam, sondern wiedergeboren in einer neuen Existenzphase: Im Zentrum geschieht Tod und Wiedergeburt.« Es ist nun deutlich, warum man diese Umkehr nicht auf dem geraden und direkten Weg erreichen kann. Man muß um diese Mitte herumgehen, muß sie von allen Seiten um-gehen, muß mit ihr um-gehen. Die Mitte ist erst erreicht, wenn der ganze Raum durchschritten ist, wenn alle Kräfte kon-zentriert sind. Erst wenn der Betreffende seine ganze Persönlichkeit eingesetzt hat und wenn er sich ganz dem Labyrinth (in dem alle Gänge ineinander übergehen, miteinander zusammenhängen, bruch- und restlos die Figur konstituieren) angeschmiegt hat, gelangt er in das Zentrum. Dort ist dann die Erkenntnis seiner selbst möglich[10]. Vielleicht liegt in dieser Struktur des Anschmiegens und Umgehens das Geheimnis der Struktur unseres Gehirns. Auch dies Organ hat ja labyrinthähnliches Aussehen.

Aus dem Gesagten ergibt sich zwanglos, daß das Labyrinth nun eben nicht mehr nur ein Ort des Todes und der Dunkelheit sein muß. Es wandelt sich zur Umkehr, so daß man etwas pauschal mit Alfons Rosenberg sagen kann: »Alle Labyrinthformen sind darum Wandelfiguren.« Der Absteigende, der sich einwärts wendet und ganz nach innen geht, findet in seiner Mitte jene große Umkehrmöglichkeit, die die Christen »Buße« nennen. Er kehrt dann als ein Erleuchteter und Gewandelter ins Leben zurück[11].

Dieser Rückweg führt dann noch zu einem weiteren Motiv, das wir beim Hohenlied der Liebe schon kennengelernt haben, zur »Heiligen Hochzeit«. Man hat auf einem etruskischen Weinkrug aus Tagliatella neben dem Labyrinth ein sich liebendes Paar abgebildet gefunden. Diese Plazierung direkt neben dem Labyrinth könnte auf eine »Heilige Hochzeit« zwischen Theseus und Ariadne hinweisen. Es gab ja immerhin bis ins 17. Jahrhundert im Maibrauchtum der mitteldeutschen Dörfer die sogenannten »Liebeslabyrinthe«, in denen solche fruchtbarkeitsmagischen Vorstellungen nachklingen. Sie sind aber nicht mehr als einläufige Labyrinthe, sondern als vielläufige Irrgärten angelegt. Man hatte ihren ursprünglichen Sinn also schon nicht mehr verstanden.

Das gilt zunächst auch für die christliche Aufnahme der Labyrinthe. Labyrinthe gehören für die Kathedralenerbauer in jenen Bereich, in den der Mensch auf Grund des sündhaften Fehltritts von Adam und Eva hineingestoßen ist. »Sich im Labyrinth zu verirren bedeutet, Zeitlichkeit, Materialität und Irrtum zu erfahren, die Charakteristika der gefallenen Welt.«[12] So schreibt eine mittelalterliche Kirchengeschichte: »Das Labyrinth bedeutet die Welt, in der wir leben, breit am Eingang, doch schmal am Ausgang, so daß der, der betört wird durch die Freuden der Welt und niedergedrückt durch ihre Last, die Lehre des Lebens nur mit Schwierigkeiten wiedererlangen kann.«[13] Es überwiegen im mittelalterlichen Kirchenlabyrinth die dunklen und sündigen Aspekte: Aus einem Weisheitsweg mit seinen Prüfungen ist bei den christlichen Labyrinthen ein einziger Lasterweg geworden oder – günstigenfalls – ein Bußweg, den man, die Leidensgeschichte des Herrn bedenkend, abschritt oder auf den Knien abrutschte.

Gleichwohl enthält das mittelalterliche Labyrinth-Symbol nicht nur dunkle Aspekte. In einer Kirche in Pavia (San Michele Maggiore) wird Theseus mit Christus verglichen, wie er das boshafte Ungeheuer, das andere Menschen tötet, nun seinerseits besiegt. Rosenberg vermutet, daß es hier doch einen heimlichen Zusammenhang zwischen den Kirchenlabyrinthen und den »heidnischen« Feldlabyrinthen gibt: Die mittelalterliche Meditation des Labyrinths führt denn auch genauso wie die anderen Labyrinthe zum Todespunkt der Mitte. Dort erkennt der Mensch, daß er seine Gebrochenheit nicht selber aufheben kann. Aber indem er sich mit dem Theseus-Christus identifiziert, bleibt er nicht dem Schrecken seiner Selbsterkenntnis verhaftet. Christliche Meditation versteht den Labyrinthweg als eine Entscheidungssituation, als Entschluß zu einem Durchbruch, der erst erreichbar ist, wenn man ganz tief in die Dunkelheit der eigenen Seele hinabgestiegen ist. Es bedarf dann eines Retters aus dem Abgrund und eines Heilkundigen, um die unterirdischen Erfahrungen vom Menschen als eines Ungeheuers zu überwinden. Als dieser Retter aus dem Labyrinth wird dann Christus verstanden. Man kommt als Mensch an Christus nur so nah heran, wie man sich vorher vertieft hat. Das ist die Einsicht der mittelalterlichen Labyrinthmeditation. Aber sie braucht keineswegs ein mittelalterliches Kuriosum zu bleiben, wie die Labyrinth-meditation in der Evangelischen Akademie im Jahre 1985 bewiesen hat. Was dem einen nur schwarze Messe war und finsteres Heidentum, war anderen ein Weg zur Wende, auch der eigenen Biographie. Das Labyrinth jedenfalls ist eine Art heiliger Raum, in dessen Zentrum die Umkehr möglich ist. Es wirkt, wie der Garten, nur für den verwirrend, der diese Aufforderung zur Umkehr (Konversion) übersieht oder nicht sehen möchte.

Die Gärten Marias

Du, Maria, bist der beschlossene Garten,
den Gottes Schutz beschirmte.
Er hielt von dir alle Sünden fern,
und keine wurde an dir entdeckt,
als er in dich eintrat
und sein Menschsein von dir entgegennahm.
O wie grünt dein frisches Gras,
das in dir stets gedieh.
Du bist die Wiese, die Gott, dein Vater
und Sohn und Bräutigam betreten wollte,
die mit allerlei Blumen durchsetzt ist.
O wie schön war der Empfang,
als dein Verlangen ihn aufnahm!

Rheinisches Marienlob, 13. Jahrhundert

Als Ausgleich eines patriarchalischen Willens zu Geist und Depression hatten wir die »Braut« des Hohenliedes kennengelernt. Dies gilt nun auch im Mittelalter, wo man in verstärkt allegorischer Denkart das Hohelied, verbunden mit dem Paradiesgarten der Genesis, noch einmal aufgriff, um es mit der Mariengestalt zu verbinden. Was sollte diese Maria in ihrem »Hortus conclusus«, in ihrem verschlossenen Garten, jedoch ausgleichen? Anfang des 14. Jahrhunderts entstehen sehr plötzlich und in großer Zahl Andachtsbilder und Texte des verschlossenen Mariengartens. Der Typ dieser Bilder und Texte ist sich immer ähnlich: In dem von einer Mauer oder einem Weidenzaun umgebenen Garten weilt Maria, umgeben von zumeist fünfzehn Sinnbildern: Aus den Gleichnisbildern des Hohenliedes taucht der Brunnen auf, der Turm, die Lilie unter Dornen; aus der Weisheitsliteratur wird die personifizierte Weisheit abgebildet als hochgeschossene Zeder, als köstlicher Ölbaum, als Rosenstock. Aus den alttestamentlichen Präfigurationen kennen wir den brennenden Dornbusch: »Wie dort vom Gebüsch das Feuer umfaßt wurde und das Gebüsch doch nicht verbrannte, so wurde hier von der Jungfrau das Licht geboren, ohne Verlust der Jungfräulichkeit« (Gregor v. Nyssa). Wir sehen den blühenden Stab Aarons, das betaute Fell des Gideon (Symbol für Befruchtung) und die verschlossene Tempelpforte Hesekiels.

Das bekannteste unter diesen Bildern ist die Madonna im Rosenhag von Stephan Lochner (Tafel IV). Maria sitzt im himmlischen Garten, fast selber eine Rose. Zwei Engel öffnen über der Rosenlaube den Vorhang, die Grenze zwischen Diesseits und Jenseits ist damit gegenstandslos. Gott Vater im roten Gewand des Schöpfers mit der weißen Taube des Heiligen Geistes neigt sich der Jungfrau zu. Sie sitzt vor roten und weißen Rosen, die durchdrungen sind von den goldenen Himmelsstrahlen. Maria trägt eine mit Perlen und Blumen aus roten und blauen Steinen geschmückte Krone. Der große goldene Nimbus steht – gleich der Sonne – hinter ihrem nur leicht seitlich gewendeten Haupt. Unmittelbar neben ihr blühen an jeder Seite zwei Lilien, Symbole der Keuschheit, aber mehr noch der Sinnlichkeit und Erotik. Darauf verweist auch das Einhorn, ein Tier, das in der Ikonographie besonders von der Jungfräulichkeit angezogen wird. Hier taucht es im Brustschmuck der Maria auf. Gewand und Mantel der Maria sind blau, im Gegensatz zu dem üblichen Farbkontrast blau-rot, ein weiteres Zeichen der Durchlässigkeit Marias für die Himmelskräfte, Zeichen auch der urmütterlichen Verbundenheit, der Treue, des Vertrauens, der Liebe und der Hingabe[1]. Vor diesem blauen Hintergrund sitzt das nackte Gotteskind. Der blaue Hintergrund sorgt dafür, daß das Kind optisch weiter nach vorn rückt. Es kommt näher an den Betrachter heran. Auch der Sohn wendet sein Gesicht leicht zur Seite. Diese Bewegung ist durch die Engel ausgelöst. Sie reichen ihm aus einer Schale Äpfel. Das Sitzkissen Marias liegt auf dem mit Demutsveilchen und Erdbeeren übersäten Rasen vor einer halbkreisförmigen, mit Rosen bedeckten Bank. Die Erdbeeren betonen auch das Erdhafte. Da sie zur Familie der Rosen gehören, zählt man sie zum botanischen Gesinde der Liebesgöttin Aphrodite. Die Erdbeere mit ihrer großen Süße stellt in ihrem Feuerrot, aber vor allem mit ihrer Kugelform, die von unzähligen Samenkörnern strotzt, doch auch ein wollüstiges Element dar. Dazu dürfen die musizierenden Engel nicht fehlen, weil zum Garten der Klang der Musik gehört. Lochners Bild steht schon fast am Ende einer Entwicklung von Andachtsbildern: »Als 1400 das Andachtsbild des Hortus conclusus geboren wurde, da spiegelte die sakrale Kunst alle ihre Gestalten als liebliche Kinder. Das Liedhafte dieser poetischen, zarten Frömmigkeit war zuerst in den Nonnenklöstern zuhause, bevor sich ihre Paradiesvorstellung der ganzen Kirche selbst bemächtigte.«[2]

Die Bilder und dazu die Texte des verschlossenen Gartens entstehen also zunächst abseits der Kathedralen in der Verschwiegenheit von Nonnenklöstern. Vieles spricht dafür, daß sich von hier aus eine Gegenbewegung zu einer Kirche andeutet, die ihren baulich extremsten und imposantesten Ausdruck in der Kathedrale gefunden hatte, vor allem in ihrer gotischen Form. Wir müssen »die gotische Kathedrale... mit ihrer die Materie negierenden Struktion als ... eine theologische Summa« begreifen, als ein bauliches Konzentrat einer ganzen Glaubenshaltung, die figürlich nach oben strebt. Es ist in dieser baulichen Summe gelungen, so feiert ein Kunstfachmann das Werk der Kathedrale, »die Materie bis zu einem abstrakt wirkenden Minimum zu reduzieren«[3]. Solche Wortwahl geschieht nicht zufällig. In der »Materie« findet das »Mütterliche« ohnehin seinen sprachlichen Ausdruck. Ihre Negation oder Reduzierung auf ein »abstrakt wirkendes Minimum« mag baulich-architektonischem Interesse Bewunderung abverlangen. Es liegt ja auch etwas Erhabenes in den Kathedralbauten, wenn man sie betritt und wenn der Blick gleich in die Höhe geht. Aber die in dieser Imposanz liegende Schattenseite ist nicht zu übersehen. Man sieht Riesentürme, die nach oben ragen. So berichtet der Philosoph Peter Sloterdijk in einem Roman von einem französischen Arzt, der einen jungen Wiener Doktor auf den Turm des Münsters schleppt: »Sie werden zu entscheiden haben, ob Sie an unsere turmtheologischen Doktrinen glauben wollen, oder ob Sie sich auf Ihre Augen verlassen, die etwas völlig anderes sehen, als Ihre Ohren hören... Sie sehen, während von Ohnmacht die Rede ist, in diesen Türmen den schrecklichsten Willen zur Macht angekündigt; Sie sehen, während von Gottesfurcht gesprochen wird, die anmaßendste Respektlosigkeit unter dem Himmel sich austoben; Sie sehen, während mit schönen Worten demütige Hingabe beschworen wird, eine gespenstische Revolte des Willens sich vollziehen. Wenn der theologische Wortschwall sich in Zerknirschung, Selbstlosigkeit und Unterwerfung unter die Majestät des Absoluten ergeht, steht Ihnen der unerhörteste Hochmut, die kraftvollste Selbstgewißheit und die bedingungslose Kampfansage an die Souveränität jedes höheren Seins unmißverständlich vor Augen... Seit diese Türme stehen, ist die Menschheit im Aufstand. Die demütige Maskerade kann nicht verhehlen, daß wir dem alten Gott das Messer an die Kehle gesetzt haben, um nach seinem Verbluten selber an seine Stelle zu treten. Geben Sie zu – der Turmbau von Babylon war ein armseliges Präludium zum

Tafel IV

Stefan Lochner (Köln um 1450) Die Muttergottes in der Rosenlaube

Der verschlossene Mariengarten, eine Wiedererinnerung des Hohenliedes und ein Gegenbild gegen die Kathedralen des Mittelalters, findet eine späte Blüte noch bei Stefan Lochner.

Türmebau von Europa. Wir waren es, die den babylonischen Dilettantismus überwunden haben, um einen größeren Wurf zu versuchen, ein neubabylonisches Experiment, das uns von ohnmächtigen Kreaturen zu Göttern machen soll ... Wer derart in die Höhe gebaut hat, dem wird der Boden zum Problem. Wer so weit hinaufsteigt, den gähnt die böse Muttererde an als grausiger Abgrund. Höhensymptome, nichts als Höhensymptome ... Je höher die zivilisierte Seele sich über ihre Natur hinaufgerungen hat in die Selbstsicherheit, desto drohender wird ihr jeder Blick nach unten scheinen, und was ihr zur Entspannung am meisten heilsam wäre, wird sie als infame Zumutung von sich weisen.«[4]

Mir scheint diese Romanszene am besten auszudrücken, was ich mit dem Wort »Kathedralenbewußtsein« bezeichnen möchte: Es ist die einseitige Förderung des vertikalen Prinzips, die Negation der Materie, die Überdehnung der Weltachse, die ja ursprünglich einmal ein Baum gewesen ist[5]. Da ist es nicht verwunderlich, wenn die Gegenbewegung nicht auf sich warten ließ: eine Kritik des vertikalen Prinzips zugunsten des horizontalen, entstanden in einem Nonnenkloster. Nicht die himmlische Kathedrale war ihr Bild, sondern der himmlische Garten, wie er als Bild der mystischen Kirche noch in einem bei Regensburg entstandenen Lied vom Schnitter Tod nachklingt:

Es ist ein Schnitter, der heißt Tod
Hat Gwalt vom ewgen Gott
Er wetzt schon das Messer
Es schneidt schon viel besser
Beginnt schon zu schneiden
Wir müssen es leiden.
Hüt dich, kleines Blümelein.

Trotz Tod, ich fürcht dein Dräuen nit
Geh, komm und tu dein Schnitt
Und wenn er mich verletzet
So werd ich versetzet
Ich will es erwarten
In Himmlischen Garten.
Freu dich, kleines Blümelein.

Von diesem himmlischen Jenseitsgarten als mystischem Bild der Kirche ist es dann nicht mehr weit zum Mariengarten. Er verhält sich zur Kathedrale wie etwa das Lied zur Symphonie. Den jeden irdischen Maßstab verachtenden Sakralbauten wird nun in Kunst und Dichtung eine erd- und gartennahe Vision beigesellt, die nicht aus der unerbittlichen Logik eines doktoralen Absolutismus entsteht, wohl aber aus der Phantasie einer geheimnisvollen Verbundenheit zu allem, was lebt. Während die Kathedralenmentalität und ihre Nachfolger sich daran gewöhnt haben, daß die Natur zum Lebensraum und zur vom Menschen beherrschten Umwelt wird, deren Produkte er bis an die Grenzen der Belastbarkeit für sich ausbeutet, verweist das Gartendenken des Mittelalters auf die Möglichkeit eines Zeichencharakters der Natur.

In einer Predigt des Pariser Theologen Alanus ab Insulis (gestorben 1202) heißt es bereits: »In dieser Stadt ist ein beschlossener Garten, ein versiegelter Garten, ein bewässerter Garten, ein Garten mit Bäumen bepflanzt, mit Kräutern schön geziert, mit Blumen geschmückt, das ist der Geist der Jungfrau, in welcher wie in dem himmlischen Garten die edlen Sitten, ähnlich den Bäumen, die Früchte der guten Werke tragen, die guten Gedanken nach dem Beispiel der Kräuter die Kraft innerlicher Demut aussenden, die Tugenden nach dem Vorbild der Blumen den Duft des guten Rufes hervorbringen. In diesem Garten grünt die Myrte der Mäßigung, die Rose der Geduld, die Lilie der Keuschheit, das Veilchen ewiger Kontemplation.«[6] Hier taucht der Garten in typisch mittelalterlicher Manier und im Anschluß an die allegorischen Versuche der ersten Kirchenväter als »Geist der Jungfrau«, als Schatzhaus von edlen Tugenden auf. Das Buch der Natur, dargestellt im Garten mit seinen Bäumen, Früchten und Blumen, wird zum Buch der Tugend. Sichtbare Form weist auf unsichtbares Wesen, das ist die Denkungsart der Allegorie. Die Blüten, Bäume und Blumen des Gartens weisen über ihr gegenständliches Wesen hinaus auf göttliche oder menschliche Qualitäten oder auf verborgene Wunder. So wird der beschlossene Garten und seine in ihm gedeihende Flora auch sehr bald zum Zeichen der Jungfräulichkeit Mariens und ihrer Vollkommenheit: »Maria, der Garten, weil in diesem Garten gewachsen sind die Blumen der Lilie durch die Jungfräulichkeit, des

Veilchens durch die Demut, der Rose durch die Liebe, des Getreides durch die Mütterlichkeit, gewachsen ist der Krokus, welcher ist von goldener Farbe der engelhaften Ähnlichkeit.«[7] Maria als Garten und Maria im Garten: das ist das Thema der hymnischen Denk- und Glaubensweise. So preist das Rheinische Marienlob aus dem 13. Jahrhundert:

»Du, Maria, bist der beschlossene Garten, den Gottes Schutz schirmte. Er hielt von dir alle Sünden fern, und keine wurde an dir entdeckt, als er in dich eintrat und sein Menschsein von dir entgegennahm. O wie grünt dein frisches Gras, das in dir stets gedieh... Du bist die Wiese, die Gott, dein Vater und Sohn und Bräutigam betreten wollte, die mit allerlei Blumen durchsetzt ist. O wie schön war der Empfang, als dein Verlangen ihn aufnahm! Das war die Tür, durch die er eintrat, die keine Sünde je einschloß, doch stand sie Gott stets offen: dem Feinde eng, dem Freunde weit. Du schenktest ihm dich ohne Zögern, er nahm dich mit seiner eigenen Hand, du weiße Lilie der Reinheit, du violettes Veilchen der Demut, du Rose, die zweierlei Bedeutung trägt, die Liebe und die Demut. Sein Auge ruhte auf deinem Blütenstrauß... Seine Hand brach deine Blume und bewahrte sie vor dem Verwelken... Alles, was er in dir, in seinem Garten, fand, das nahm er an sich. Und weil er, glaub ich, Macht und Weisheit besitzt, schützt er dich, sein Paradiesgärtlein, so daß nicht Anfechtung und nicht Sünde darin zu finden ist, seitdem in den Baumgarten deines Leibes der Baum des Lebens gepflanzt worden ist. Dieser Baum ist Jesus, dein heiliges Kind... Heilige, schöne und barmherzige Frau. Gib uns ein wenig von der Frucht. Wenn wir davon bekommen, werden wir gerettet... Sei immer gelobt, Garten Gottes, der du für uns diesen Baum in deinem Leib hast wachsen lassen, seligste aller Frauen...«[8]

Die fast hymnische Schwelgerei verrät Nachholbedarf; typisch für eine Religion, die dem weiblichen Teil zu wenig Aufmerksamkeit geschenkt hat. Das Marienlob holt einfach nach, was tausend Jahre lang verborgen gewesen ist: Der Garten des Weiblichen, das Weibliche des Gartens – an Maria darf es sich nun zeigen. Die erotische Phantasie kennt denn auch keine Grenzen. Sie ist ja auf Göttliches beschränkt, wenngleich gegen Ende des Marienlobs ein kräftiger Wunsch nach Partizipation angemeldet wird. »Gib uns ein wenig von der Frucht.« Der Garten mit seinen Pflanzen und mit der Jungfrau inmitten dient zur Verschlüsselung einer bestimmten Botschaft, die dem Redenden, der das Bild gebraucht, wichtig ist. Wahrscheinlich stünde der Schreiber selber gern an Stelle Gottes, so einfühlsam hat er ihn beschrieben.

Hier bereitet sich geistlich vor, was wenig später eindeutig profan verstanden worden ist: eine Liebeskunst am Bild des Gartens. Man muß diese Gartenbilder sehen und lesen, um die Lust zu verstehen, die aus ihnen spricht. So redet in einem der schönsten Mariengedichte deutschsprachiger Literatur schließlich die Frau, Maria, selbst und selbstbewußt:

»Ich bin es, der Brunnen süßen Wassers, Freudenquell des Lebens und der Welt. Ich bin's, der Spiegel ungetrübter Reinheit, in dem Gott sich zuerst erkannte; ich war bei ihm, als er den Schöpfungsplan entwarf, unverwandt sah er mich an in seinem Verlangen ohne Ende: Wie sehr erfreute ich seinen Blick, ich junger, frischer Rosengarten! Kommt alle her zu mir, die ihr mich sucht. Ich will, ich kann euch helfen und bin zur Hilfe für euch ausersehen (ich wil, ich kan, ich muoz gewern). Ich bin's, der lebende Leitstern, den niemand entbehren mag. Mein guter Mut bringt Frucht. Ich bin die Stimme, die der alte Löwe laut werden läßt, um seine Kinder vor des Todes Fluten zu erwecken. Ich bin die Glut, in der der alte Phönix sich verjüngt. Ich bin das Blut des edlen Pelikans und behüte alles wohl. Ich bin ein von Wurzeln reicher Anger, meine Blumen, die sind alle schwanger, ihr duftender Saft quillt goldgelb hervor. Welch breitfließender Strom meine Blumen belebend durchnäßt, so daß ihre Knospen bersten. Ich bin's, der Acker, der den Weizen zeitig hervorbrachte, an dem die Gemeinde nun im Abendmahl sich stärkt. Ich drosch, ich mahlte, ich buk lind und nicht harte, als ich mit Öl den Teig bestrich. Deshalb ist der Biß so süß und weich. Ich bin's, der Tau, dem sie entwich, die Gottheit, seit Gott sich in mich schlich. Meine Ernte war ganz klar. Er Gott, sie Gott, ich Gott: das verberge ich vor niemandem. Ich bin Vater und Mutter, er ist wahrhaft meine Mutter und Vater zugleich. Ich wartete, ich litt, ich brach den Tod, wie mir aufgetragen war.«

Das ist nun eindeutig ein Liebeslied einer Frau, die ein in sich gegründetes, selbstbestimmtes, fast göttliches Leben führt. Tatsächlich finden wir etwa zur selben Zeit eine Madonnenskulptur, deren Leib geöffnet werden kann. Sie enthält in sich die göttliche Dreifaltigkeit[9]. Sie hat also umfangenden, schützenden und erotischen Charakter; wie ja überhaupt das sublime Interesse an der Jungfräulichkeit Mariens – trotz aller Männerphantasie – heute auch eine positive Wertung erfährt: »So ist Maria schon heute für einige Frauen nicht mehr das Vergewaltigungsopfer. Sie sehen vielmehr die Freiwilligkeit, mit der sich die Jungfrau an eine Sache verschenkt, aus der sie neue Impulse für die Liebe, die Freiheit und die Gerechtigkeit erhofft.«[10] Es sind die Tugenden der alttestamentlichen Weisheit, die hier anklingen. Auch das Marienlob spielt auf diese Weisheit an, wenn es von der Frau erzählt, die bereits bei der Planung der Schöpfung dabeigewesen ist[11].

Fast klingt es, als habe der gebannte Blick Gottes gar nichts anderes tun können als zu schöpfen »in seinem Verlangen ohne Ende«. Solche Sicht Gottes, dessen Schöpfung im Blick auf den zarten, wohlgemuten Rosengarten geschah, hat die Betonung der Keuschheit und Sündenlosigkeit des vorigen Textes nicht mehr nötig, denn sogar Gottes Selbsterkenntnis hat etwas mit dieser Frau zu tun. Sie ist sein erster Spiegel. Das kulturell vorherrschende Bild des Weiblichen als Prinzip passiver Empfänglichkeit, dargestellt sonst am Marienbild über dem Eingang der Kathedrale, hat hier nichts mehr von Unterwerfung, wie die Bilder vom Löwen, vom Vogel Phönix und vom Pelikan zeigen. Diese »Jungfrau« beschwört Bilder einer neuen pragmatisch-süßen Erdnähe: Brunnen, Rosengarten, Wiese, heilende Kräuter und berstende Knospen. Die Säfte fließen. Das Brot zergeht sanft auf der Zunge. Es geschieht eine Zuwendung zum Kleinen und Kleinsten.

Daß in diesem Zusammenhang der Garten auftaucht, ist kein Zufall. Er kommt immer ins Bild, wenn es um eine umwälzende Neudefinition der Kultur geht. Das 14. Jahrhundert hat mit dem »Hortus conclusus« zwar ein traditionelles Bild aufgegriffen, aber zugleich einen Garten anvisiert, einen Lebensraum, der in seinen Bildern auch nach anderen Formen erotisch-kultureller Lebensbeziehungen suchen wollte, in denen die Weisheit (Sophia) eine große Rolle spielt. Erst heute entdeckt man sie vor allem im Alten Testament wieder: »Sie wird als Tochter Gottes beschrieben, als seine Begleiterin, wird Schwester, Frau, Mutter, Geliebte und Lehrerin genannt. Sie ist Führerin auf neuen Wegen, Predigerin und Werkmeisterin aller Dinge. Sie sucht Menschen, findet sie auf dem Weg, lädt sie zum Essen ein. Sie bietet Leben, Ruhe, Wissen und Heilung denen an, die sie annehmen, und macht sie zu Gottesfreunden.«[12] Das Frauenlob des 14. Jahrhunderts klingt sehr ähnlich wie diese Weisheitstradition.

Aber solche Bilder blieben Einzelfälle. Sie kontrastierten mit dem historischen »Kathedralenbewußtsein« und konnten sich nicht durchsetzen. Die mühsam aufgerichteten Höhenseelen, bauliche Realität in den Türmen der Kathedralen, warfen zu viel Schatten. Die Gärten bekamen kein Licht. Melancholisch in ihr Groß- und Hartseinmüssen verliebt, erfroren vom Beharren auf sich selbst, steif vom Abstandhalten, klirrend vor Überlegenheit, blieben die Kathedralen zunächst Sieger, überboten nur durch die Bank- und Versicherungshäuser heutiger europäischer und nordamerikanischer Großstädte, in deren Schatten auch keine Gärten mehr gedeihen können.

Die Gärten der Ars amandi

Der Liebesgarten
ist das erträumte irdische Paradies,
zu dem als ethisches Postulat
nun nicht »der alte Adam«,
sondern ein vollkommener,
der Minne würdiger Liebhaber gehört.

Eine Sexualkunde, wie es sie in den heutigen Schulen gibt, hat es im Mittelalter und in der Renaissance natürlich nicht gegeben. Gleichwohl hat man nicht gern darauf verzichtet, die in die Liebe noch nicht Eingeweihten doch in die Geheimnisse der Erotik einzuführen. An zwei Beispielen, das eine entstanden im ersten Drittel des 13. Jahrhunderts und das zweite im letzten Drittel des 15. Jahrhunderts, wird deutlich, wie verschieden solche Liebeskünste ausgesehen haben.

Der Rosenroman, der eigentlich überhaupt kein Roman ist, stammt von einem gewissen Guillaume de Lorris (jedenfalls seine erste, hier zu betrachtende Hälfte). Dieses Lehrtraktat galt als Pflichtlektüre in den höfischen Kreisen. Das andere ist gar kein Text, sondern ein Bild. Es hängt heute in Madrid und hat zu mannigfachen Deutungen Anlaß gegeben. Erst in den letzten Jahrzehnten hat man einen, wie mir scheint, plausiblen Zugang zu diesem Bild von Hieronymus Bosch gefunden.

Beginnen wir mit dem Rosentraktat aus dem 13. Jahrhundert. Wie viele Texte des Mittelalters hat er eine allegorische Form. Nun gehört die Allegorie zu den ältesten Denkformen der Menschheit. Aus dem Orient übernahm sie das Griechentum in philosophische und bildkünstlerische Hut. Wer das Mittelalter wirklich sich aneignen und verstehen will, der muß allegorisch denken lernen und allegorisch denken können. Das tut denn auch dieses französische Dichtwerk. Aber es geht dabei vorsichtig zu Werke. Die Liebeskunst wird nicht direkt gelehrt, sondern am Beispiel eines Gartens und einer Gartengesellschaft. Diese Gesellschaft wird beschrieben, freilich nicht aus der Sicht eines über die Hecke schauenden Voyeurs, sondern der Dichter bedient sich eines schon länger zurückliegenden Traumes. Zum Traum selbst sagt er, daß er wahr sei: »Viele Leute sagen, daß sich nur Geschwätz und Lügen in den Träumen finden; und doch kann man Träume träumen, die keineswegs lügnerisch sind, die sich im Gegenteil als sehr wahr enthüllen. Denn was mich betrifft, bin ich überzeugt, daß die Träume den Menschen Gutes und Böses offenbaren.« Diesem Dichter, so kann man dann in den über viertausend Versen nachlesen, wird eigentlich nur Gutes offenbart. Und das in einem Alter, »wo die Liebe von jedem jungen Menschen ihren Anteil fordert«[1]. Der Traum führt den Dichter in den Mai, den liebestollen Monat. Die jungen Leute, schreibt er, sind fröhlich und können der Liebe nicht wehren. »Ein hartes Herz, das im Mai nicht liebt, wenn es in den Zweigen die zarten Verse der Vögel hört.«[2] Diesen Vögeln zu lauschen, folgt der Dichter aus der Stadt heraus einem Flußlauf. Nach einem guten Stück Weges erblickt er einen großen, weiten Garten. Der ist von einer hohen, burgartigen Mauer eingeschlossen. Auf dieser Mauer findet er merkwürdige Figuren. Und erst als er nähertritt, kann er ihren Sinn entziffern. Es sind der Haß, die Gemeinheit, die Untreue, die Habsucht, der Geiz, der Neid, die Traurigkeit, das Alter, die Heuchelei, die Armut. Alle werden ausführlich geschildert und beschrieben. So bekommt der Betrachter zum Beispiel beim »Alter« einen gelehrten Exkurs über die Vergänglichkeit der Zeit, »die Tag und Nacht fortschreitet ohne Rast und Ruh, sich von uns trennt und heimlich entflieht, so daß es scheint, sie verweile einen Augenblick, sich indes nie aufhält, nie aufhört, vorwärts zu eilen«[3]. Wohl bewundert der Dichter diese kunstvollen Figuren. Sie verkörpern nämlich jene Eigenschaften, die offenbar den Eintritt in den Garten und den Zugang zu den Genüssen der dort gelehrten Minne verwehren. Das heißt: Der zu erwartende Garten zeichnet sich dadurch aus, daß die dunklen Charaktereigenschaften in ihm nicht zu finden sein werden.

Der Garten selbst, in wundervoller Gegend gelegen, war erfüllt vom Gesang der Vögel, »dreimal soviele wie im ganzen Königreich Frankreich«[4]. Diese Vögel möchten gern belauscht werden, weil sie in dem Garten »die schwelgenden Tänze der Liebe anstimmten und die zarten, lieblichen Weisen höfischer Minne aufspielten«[5]. Der Autor findet ein kleines Tor, eine Jungfrau öffnet auf sein Klopfen hin. Diese Frau wird von ihm recht freimütig beschrieben: »Sie hatte blondes Haar, ihr Körper war mollig wie der eines Küchleins, ihr Mund klein und kußlich, im Kinn hatte sie ein Grübchen. Ihre Brust war weiß wie Neuschnee auf den Zweigen, ihr Körper wohlgeformt und beweglich.«[6] Es ist nun nicht so, daß der Autor sich auf diese Frau einläßt und in hoffnungslose Liebe zu ihr verfällt. Denn eigentlich ist sie überhaupt keine reale Frau. Sie steht für eine Geisteshaltung, die man in ihren Grübchen und in ihrem wohlgeformten Körper so kaum erwartet hätte. Wir erfahren, daß es sich um die »Sorglosigkeit« handelt. Sie ist eine Freundin des »Sinnesgenusses«. Der Sinnesgenuß ist der Gartenbesitzer. Daß die Bäume des Gartens aus dem Lande der Sarazenen herbeigeschafft worden sind, erfährt man nebenbei. Aber es ist ein Hinweis, daß man auch im 13. Jahrhundert wußte, wie sehr die Gartenkunst in arabischen Ländern in Blüte gestanden hat. Der Dichter läßt sich im folgenden von der »Sorglosigkeit« führen. Er fühlt sich fröhlich und glücklich und glaubt, »im irdischen Paradies zu sein«[7]. Mit der Bezeichnung »irdisches Paradies« ist ein wichtiges Wort gefallen. Denn in der kirchlichen Lehre galt das Paradies ja als verschlossen. Hier, in der Liebeskunst des Gartens, war es wieder geöffnet. So lädt dann auch die Cortoise, die Höflichkeit, zu den Tanzspielen einer vornehmen Gesellschaft ein. Wir sehen diese Tanzgesellschaft durch die Augen des Autors sehr plastisch dargestellt. Es handelt sich um die Höflichkeit, den Gott Amor, die Aufrichtigkeit, die Freigebigkeit und um den süßen Blick. Alle Tänzer und Tänzerinnen stehen also auch für Tugenden, die in der Minne gelten. Bisher ist der Autor noch Zuschauer. Er hat nicht bemerkt, daß er bereits selber von den Pfeilen des Liebesgottes getroffen ist. Seine distanzierte Beobachtung schließt: »Schon ging der Tanz zu Ende, und die meisten entfernten sich mit ihren Damen, zogen sich in den Schatten der Bäume zurück, der Liebe zu pflegen. Gott! War das ein Leben! Wer diese Leute nicht beneidete, müßte von Sinnen sein. Wer könnte sich Schöneres wünschen als ein solches Leben! Im Paradies gibt es kein größeres Glück, als eine willfährige Freundin zu besitzen.«[8]

Der Dichter verläßt den Ort und stößt mitten im Garten auf einen merkwürdigen Brunnen unter einer Pinie. Dieser Brunnen aus Marmor hat ein paar Buchstaben an seinem Rand eingemeißelt bekommen, die daran erinnern, daß der schöne Narziß hier gestorben ist. Es ist also der Brunnen des Narziß, auf den wir hier mit dem Dichter stoßen. Natürlich ist er in diesem Garten zur Warnung für jeden jungen Menschen aufgestellt, der diese Liebeskunst zu lesen bekommt. Denn bei Narziß handelte es sich um jenen jungen Mann, der sich so sehr in sich selbst verliebte, daß er in sein eigenes Spiegelbild im Brunnen hinabtauchte und darüber verschmachtend zugrunde ging.

Peter Schellenbaum hat gezeigt, daß Narziß eine Figur ist,

die in jede Liebeskunst hineingehört. Denn Narziß hat sich, wie alle jungen Männer, auf die Suche nach seiner Männlichkeit begeben. Er wollte ursprünglich einen Hirsch jagen: »Und auch in dem, was jetzt folgt, gibt es zunächst keinen Unterschied zu dem, was viele Märchen, die von der Entwicklung eines jungen Mannes handeln, aufzeigen, oder zu dem, was männliche und weibliche Jugendliche bis zum heutigen Tag auf der Suche nach ihrer Autonomie und Unabhängigkeit erleben. Narkissus findet das Gegenteil von dem, was er gesucht hat: anstelle des Hirsches die Nymphe Echo, anstelle einer stolzen, unverletzbaren Autonomie, die Gefühle und Empfindungen ausschließt, die Frau und den Eros. Hier vollzieht sich im Leben der meisten jungen Menschen sozusagen eine spontane seelische Spaltung. Sie relativieren ihr heroisches Streben nach klarer, nicht vom Eros verunreinigter Autonomie, geben sich in Liebe einem Du hin und erleben sich paradoxerweise gerade darin zum ersten Mal in ihrer eigenen, auch geschlechtlichen Identität. Sie können also das ihnen Zufallende als das ihnen Notwendige auffassen und annehmen. Nachdem sie in der Jagd nach dem Hirschen selber die Führung hatten, lassen sie sich jetzt vom Eros ergreifen. Darin erweisen sie ihre Durchlässigkeit und Offenheit für das aus ihrem körperlich-seelischen Menschsein heraus einfach Geschehende. Sie lassen ihr Ich los und bekommen sich selber vom Du geschenkt. Dieser entscheidende Übergang läßt sie mitten in der realen Welt von Freude und Schmerz, von Liebe und Haß, von Leben und Tod als Erwachsene aufwachen.«[9]

Nicht so jedoch der Narziß des Mythos: Er bleibt sozusagen auf der Hirschjagd und verliert sich nicht in den Eros. Statt dessen verliebt er sich in sich selbst und stürzt in den Brunnen. Auch der Dichter des Rosentraktates verliert sich im Spiegel des Brunnens. Nur sieht er sich nicht selber darin, was darauf hinweist, daß er nun doch bald seiner Geliebten begegnen wird. Er erblickt im Brunnen mit Rosen beladene Rosenbäume. Er hat, wie er jetzt begreift, seine Rose erblickt, will sie sogleich pflücken, doch sie ist von Disteln und Dornen umgeben.

Damit stoßen wir auf ein Motiv, das das Besondere dieses Liebesgartens ausmacht. Die Rose läßt sich nicht sogleich pflücken. Das wäre gegen die höfische Minne. Die Annäherung an die Geliebte, an die ersehnte Rose, muß langsam geschehen. Für die Annäherung erhält der Leser eine sehr ausführliche Belehrung: »Denke stets an die Liebe; gedenke jener süßen Stunde, die zu genießen dich so drängt! Und damit du ein vollkommener Liebhaber seist, befehle ich dir, dein ganzes Herz einer einzigen Herrin zu schenken. Es soll niemandem halb gehören, sondern einer ganz und ohne Trug, denn ich mag Halbheit nicht vertragen. Wer sein Herz an viele verteilt, gibt überall nur einen kleinen Teil. Doch für den fürchte ich nicht, der sein Herz an eine einzige Liebe schenkt. Deshalb will ich, daß du dich an einem Orte festlegst. Doch hüte dich, dein Herz bloß auszuleihen! Wenn du dies tun solltest, müßte ich dich verachten. Gib es ganz hin, und du wirst größeren Lohn erhalten! Denn der Wert einer geliehenen Sache ist rasch ersetzt und ausgezählt. Aber für das, was man schenkt, ist der Lohn groß. Gib es also vollständig und guten Mutes hin, denn man muß einen Gegenstand richtig lieben, damit er großen Wert erhält! Ich schätze die Gabe nicht, die mir widerwillig zufällt.«[10] In sehr umschreibender Weise wird der Leser dann Zeuge des Liebesspiels. Es wird ständig nur von der Rose und ihrem Blatt geredet, und man muß schon der Sekundärliteratur entnehmen, daß für die Zeitgenossen bei dem Begriffspaar »Blume und Blatt« als Formel der Frühlingsbeschreibung deutlich war, daß es sich beim Blatt um den erotischen Genuß, bei der Blume hingegen um den Raub der Unschuld gehandelt haben soll[11]. Der Traktat bricht dann plötzlich ab, wo die Eroberung der Rose endgültig geschildert werden sollte, vermutlich, weil der Autor diese Schilderung für überflüssig hielt.

Das Merkwürdige dieses Traktats aus dem 13. Jahrhundert ist, daß Handlung und Didaktik sehr eng miteinander verbunden sind. Meistens allerdings überwiegt die Didaktik. Sie geschieht aber in so verhüllender Form, daß, auf die Länge gesehen, diese Liebeskunst eine gewisse Langeweile erzeugt. Man begegnet im Gartenbild dieses Rosenromans nur beim genauen Hinsehen einer Projektion der Gefühlswelt in die Personifikation, eine für das Mittelalter allerdings typische Methode der Seelenanalyse. Mit der allegorischen Darstellung der verschiedenen Komponenten des Minneerlebnisses bekommt der Dichter denn auch die Möglichkeit, dieses Minneerlebnis aus der individuellen Gebundenheit herauszuheben. Er verleiht ihm typische und damit allgemeine Gültigkeit. Wichtig ist, daß die Einsicht in die Geheimnisse der Rose nur im Traum gelingen kann. Der Traum wird zwar noch nicht, wie in der späteren Psychologie, als »Via regia zum Unbewußten« (Freud) verstanden, wohl aber als eine nicht trügende Erkenntnisquelle. Der Liebesgarten ist das erträumte irdische Paradies, zu dem als ethisches Postulat nun nicht »der alte Adam«, sondern ein vollkommener, der Minne würdiger Liebhaber gehört. Die Erotik wird zu einer ritterlichen Tugend stilisiert, deren dunkle Kehrseiten draußen vor dem Garten auf der Mauer liegen. Nur die narzißtische Gefahr wird erwähnt, wenngleich es auch bedeutsam ist, daß der Narziß- brunnen mitten im Garten steht.

In ganz anderer Weise stellt sich gut zweihundert Jahre später eine Liebeskunst vor, die man eigentlich Lebenskunst nennen müßte. Das Außerordentliche und Faszinierende, das von den Bildern des Hieronymus Bosch ausstrahlt, ist das Rätselhafte, das darin verborgen ist. Gleichgültig, ob man zum ersten Mal einem Werk Boschs gegenübersteht oder ob man zum hundertsten Mal sich in die Gestaltung, die Landschaft, die Tiere oder in das Farbenspiel Boschs verliert, etwas merk- würdig Esoterisches beherrscht das Verbindende zwischen Beschauer und Werk. Hieronymus Bosch ist ein Künstler, der zur Zeit des ausgehenden Mittelalters und der beginnenden Renaissance gelebt hat. Man weiß wenig von seinem persönli- chen Leben. Er wurde 1450 geboren und ist in seiner Heimat- stadt s'Hertogenbosch 1516 begraben. Es gibt keine Briefe, keine Berichte über seine menschlichen Beziehungen und Bindungen, es gibt auch keine Berichte, Anekdoten oder Skandalgeschichten über ihn. Eins seiner bekanntesten Werke hat lange Zeit der »Garten der Lüste« geheißen. Man kann sich in der Tat nicht vorstellen, daß dieses dreiteilige Tripty- chon in einer wirklichen Kirche, womöglich am Altar, Platz gefunden hat, obwohl es in der Tradition des spätgotischen Altars gemalt und verankert ist. Der Inhalt des Bildes steht denn doch zum kultischen Erfordernis der Anbetung in einer Kirche in einem solchen Widerstreit, »daß man sich nicht vorstellen kann, eine Kirchengemeinde habe sich andachtsvoll in das Altarbild versenkt«[12]. Auf den ersten Blick fallen die vielen nackten Leiber auf, die man auf allen drei Bildern, vor

allem in der Mitte, aber auch rechts in der Hölle sieht. Man hat
zur Interpretation häufig das bekannte Dreierschema herange-
zogen, mit dem auch heute noch eine vereinfachte lutherische
Theologie gerne arbeitet: Urstand, Fall, Hölle und irgendwann
dann auch noch Erlösung, wobei bei Bosch die Erlösung fehlt.
Aber seit der kenntnisreichen und tiefgehenden Interpretation von Wilhelm Fraenger läßt sich eine solch einfache, die
Sinnlichkeit in Lüste verkehrende Sicht nicht mehr halten.
Fraenger hat in einem umfangreichen Essay gezeigt, daß es
sich bei dem Bild von Bosch überhaupt nicht um einen »Garten der Lüste« handelt. Es ist eben keine Apotheose der
Sündhaftigkeit, keine Lust der Selbstvergottung oder der
rauschhaften Begeisterung, die hier am Ende bestraft werden
soll. Dagegen spricht schon, daß in der Hölle eigentlich niemand schmort, der vorher als Lüstling oder als die Liebe
genießender Mensch zu gelten hat. Die größte Einsicht Fraen-
gers bestand denn auch darin, daß er den engen Zusammenhang des linken Bildes vom Paradies mit dem mittleren Bild
eines paradiesgewollten Lebens erkannt hat. Die Landschaft
geht fast nahtlos ineinander über, während die Hölle ganz
rechts als abgetrennt und mit den beiden anderen Bildern so
gut wie nicht verbunden erscheint. Man muß also seine Aufmerksamkeit auf die durchlaufende Gartenlandschaft der
ersten beiden Bilder richten mit diesem rätselhaft vegetativen
Liebesspiel. Es findet sich auf dem Dreitafelwerk eben kein
Erbübel des Sündenfalls. Wir sehen keine Verstoßung durch
einen schwertzückenden Engel, geschweige denn eine teufli-
sche Entzweiung. Wir sehen »ein durchaus ernst und ideal
empfundenes Hochbild des gott-einigen und kreatur-versöhn-
ten Paradiesesglücks«[13].

Bosch hat als Auftraggeber für dies Werk nicht einen kirchlichen Kardinal oder Bischof gehabt. Das ist trotz der sich
lockernden Sitten im 15. Jahrhundert kaum denkbar. Wenn er
auf seiner Mitteltafel geradezu einen Heilsweg einer religiösen
Liebeslehre, einer sakramentalen Erotik, eines erotischen
Mysteriums geschildert hat, dann hat er neue Vorstellungen
kritisch gegen die Kirche gerichtet. Boschs Bild gibt davon
Zeugnis, daß sein Schöpfer Christenglaube und Naturgegeben-
heit miteinander für versöhnbar gehalten hat. Boschs Bild ist
eine Antwort darauf, wie man den alten Zwiespalt von Geist

und Trieb im Zeichen einer neubegriffenen Gottnatur, trotz Tod und Teufel, überbrücken kann. Wilhelm Fraenger hat die umstrittene These aufgestellt, daß die Auftraggeber Boschs wahrscheinlich bei jenen zu suchen sind, die dem Adamkultus angehört haben. Das waren Leute, die als »Brüder und Schwestern vom freien Geist« kleine Zirkel bildeten, bei denen keinerlei Einschränkungen nach Geburt und Stand, Rang und Vermögen gegolten haben. »Folglich war auch die Unterscheidung zwischen Mann und Weib im höheren Begriff des homo (Mensch) aufgehoben. So trat die Frau als ebenbürtiger Partner in den Kreis der Brüder, befreit von der Entmündigung, zu der die Kirche sie verurteilt hatte, und der Geringschätzung enthoben, die ihr Geschlecht zur ›Pforte Satans‹ verschimpfierte oder auf der Synode zu Macon zur Frage stellte, ob man die Frau als Mensch bezeichnen dürfte.«[14] Daß sich diese esoterische Gemeinschaft, die schon in der Frühzeit des Christentums aufgetreten war, nach über tausendjähriger Pause im nördlichen Europa wiederfindet, gehört zu den bisher unaufgeklärten Geheimnissen esoterischer Bewegungen. Auch Fraenger findet keine Erklärung. Wo immer der Adamitismus jedoch im Abendland sich verbreitete, hat die christliche Kirche Prozesse angestrengt, und in diesen Prozeßakten tauchen immer wieder die gleichen Leitbegriffe auf: Adam wird als christushafter Offenbarungsträger angesehen. Die unterirdische Kulthöhle war das Paradies, es gab die rituelle Nacktheit, verknüpft mit einer religiös betonten und als unschuldig angesehenen Liebe, die sich als eine in das Übersinnliche erhobene Engelliebe zu bezeichnen pflegte. In diesen Gruppen sind vielleicht die Auftraggeber des Hieronymus Bosch zu suchen.

So zeigt denn auch das Dreifachbild auf seiner linken Seite den Garten Eden (Tafel V). Er liegt in einer tropisch sehr farbenreichen Landschaft, deren Hintergrund von Felsen abgeschlossen wird. Ein pflanzenhafter Brunnen steigt in der Mitte in die Höhe. Er strahlt nach den vier Himmelsrichtungen und symbolisiert so die Quellen der vier Paradiesströme. Man kann nicht auf die vielen Einzelheiten dieses Bildes eingehen. Es verrät eine tiefe Kenntnis symbolisch-psychologischer Zusammenhänge. Aber immerhin fällt auf, daß uns hier ein apollinisch jugendhafter Gott im Vordergrund begegnet, ein

Gott am Morgen seiner Schöpfung. Er hält in seiner linken Hand das Handgelenk der Eva, als wenn er sich freue, daß sie lebt. Mit Adam hat er nicht einen so handgreiflichen Kontakt, der muß sich schon ausstrecken, um mit seinen Zehen den Fuß des Herrn zu berühren. Immerhin entsteht durch diese dreifache Bindung eine Art geschlossener Stromkreis. Fraenger vermutet sogar, daß hier eine Art »Aneignungsmagie« zum Ausdruck kommt: »Scheitel, Hand und Fuß haben ein ganz besonderes Vermögen der Ausstrahlung und des Empfangs von Manakräften.«[15] Er selber sieht in dieser Paradiesszene zwischen Gott – Christus – Eva und Adam die Einweihungszeremonie der Jüngerschaft der Brüder und Schwestern vom freien Geist vorweggenommen. Interessant ist vielleicht noch, daß Adam merkwürdig steif sitzend hier nach oben blickt, während Eva hinab auf die Erde sieht. Sie nimmt damit wahr, was sich im Vordergrund des Bildes als eine Art eiförmige Wassertiefe abbildet. Aus dem Wasser kommen lauter Übergangsformen der Natur, Geschöpfe, die halb dem Wasser, halb der Erde oder Luft angehören.

Fraenger hat herausgefunden, daß besonders der Ibis und der Salamander dazu gehören, beides Verkörperungen des mit dem Leben zwillingsbrüderlich verbundenen Todes. Das ist deswegen sehr merkwürdig, weil sich die Theologen manche Gedanken darüber gemacht haben, ob es im Paradies überhaupt Tod gegeben hat. Bosch und die Brüder und Schwestern vom freien Geist haben sich um solche dogmatischen Haarspaltereien offenbar keine Sorgen gemacht. Wie mit den Tieren Ibis und Salamander gezeigt, wertet der Maler den Tod als ein von Anfang an bestehendes Prinzip der Daseinswelt, das nicht erst um des sündigen Menschen willen in die Welt gekommen ist. Der Tod hat mit dem Sündenfall, laut Boschs

TAFEL V

HIERONYMUS BOSCH (UM 1500) DER GARTEN DER LÜSTE,
AUSSCHNITT AUS DER PARADIESTAFEL

Hieronymus Boschs Triptychon, von dem hier nur ein Ausschnitt aus dem Paradiesteil wiedergegeben ist, war nicht als wollüstiger und damit von Strafe bedrohter »Garten der Lüste« gedacht. Vielmehr zeigt er eine differenzierte Liebeskunst, die im Paradies ihren Ursprung hat.

Bild, nichts zu tun. Er löst ihn völlig los, indem er ihn bereits ins Paradies verlegt, in dem die Menschen noch in ursprünglicher Nacktheit leben. Dies ist dogmatisch bestimmt eine Ketzerei, doch philosophisch ist es ein sehr kühner Gedanke, weil er die Lehren des Christentums mit dem esoterischen Wissen der Antike zu verschmelzen sucht.

Vielleicht sollte noch ein letzter Blick auf den Rosenbaum des Lebens gerichtet werden, weil er den Seelenkern der ganzen Tafel ausmacht. In der Mitte hat er eine Scheibe, in deren ausgehöhltem Auge eine Eule sitzt. Dies ist auch der absolute Mittelpunkt des Bildes, sozusagen der Konzentrationspunkt. Dorthin kehren die Augen des Beschauers immer wieder zurück. Der gesamte Baum des Lebens in seiner Morgenrotfarbe überragt die biblische Personengruppe nicht nur an Größe, sondern wahrscheinlich auch an Bedeutung: »Zu solcher Rangerhöhung wurde dieser Lebensbaum durch seinen dreifachen Gehalt berufen: als ein im ewigen Lebenswasser wurzelndes Gewächs verkörpert er die ruhelose Selbstbefruchtung der Natur, die ihrem unersättlichen Bestreben nach Verjüngung aus unerschöpflich eigenem Überfluß Genüge tut. Zugleich jedoch stellt dieser Lebensbaum als Brunnenstube der vier Paradiesströme ein Sakramentshaus dar, in welchem sich die Ausgießung des Pfingstregens darstellt. Als Träger des Konzentrationspunktes wird dies Tabernakel schließlich zu der Zelle, worin für den kontemplativen Brüderkreis die mystische Vereinigung mit dem Weltgrund zum Ereignis wurde.« Selbstbefruchtung der Natur, Ausgießung des Pfingstregens und Konzentrationspunkt für die Meditation: Der Maler hat auf diesem linken Bild einiges zusammengetragen, das von tiefster Symbolkenntnis und psychologischem Wissen zeugt. Die Eule übrigens gilt als ständige Insassin der Lebensbäume. Sie kann ja im Dunkeln sehen und stellt deswegen das Wissen um das Verborgene dar und den Einblick in das Unsichtbare. Sie weiß also um Gut und Böse, und so liegt denn ihr tiefster Sinn darin, daß ihre Weisheit sich in dem Wissen um den Tod und dessen Überwindung gründet. Wenn sie zum Mittelpunkt gemacht wird, dann wird das Thema dieses linken Bildes genau das gleiche sein: Es geht um den Tod und dessen Überwindung.

Interessant ist denn auch, daß die Hölle ganz rechts auf

diesem dreibildrigen Werk genau in Entsprechung zum Paradies gemalt ist. Paradies und Hölle stehen als Bild und Gegenbild einander antithetisch gegenüber. Man sieht sogleich, daß wir es bei dem entenhaften Ungetüm der Hölle mit einer Rückansicht zu tun haben. Sie zeigt nur die Kehrseite. Wir haben es also mit einer verkehrten Welt gegenüber der göttlichen Eindeutigkeit zu tun. Auch der Dudelsack, der auf der Ente und der Weltscheibe liegt, ist ein Zeichen für ein aufgeblähtes, jaulendes Instrument. Es steht im Gegensatz zur Eule, der Vertreterin der Weisheit. Die Beine des Ungetüms sind morsch, das Wasser ist nicht, wie im Paradiesbild, durchsichtig, sondern gefroren, und der Dämon, dessen Glieder diese abgestorbenen Elemente bilden, steht mit seinen beiden verwesenden Beinen im Eis. Der seelische Tod in der Hölle kann nicht besser vorweggenommen werden.

Man hat sich gefragt, wer eigentlich in die Hölle kommt. Es sind jedenfalls nicht jene Menschen, die in dem lebendigen und pulsierenden Mittelbild die Liebe genießen. Im Gegenteil, die beiden großen Feuerberge, die Vulkane, gelten als Sinnbild für das selbstzerstörerische Wüten der Natur und Menschenwelt. Und die kleinen Anheizer, die wie eine Schmiede diesen Vulkan bedienen, können als Urgestalten jener Spezies gelten, die die Natur zerstören. Auch das Element der Erde hat der Maler eher festungsartig ausgebaut. Wir sehen Wehrtürme und Mauern, Basteien und Burgen in ihren schwarzen Silhouetten. Bosch will sagen, daß die Menschen die Erde zu einer Burg gemacht haben, zu einem Sinnbild feindseliger Verschanzung des Machtwillens und der Gewaltsamkeit. Deswegen finden sich auch Ritter in der Hölle. Sie gehen eben nicht mehr der Minne nach, sondern mißbrauchen ihr ritterliches Handwerk, um die Gottesebenbildlichkeit des Menschen zu verstellen. Das bedeutet jener über eine Fahne hingestreckte Ritter, der in seiner Linken einen Hostienkelch schwingt, dessen Oblate auf den Boden fällt. Die Ritter haben die Oblate, das Ebenbild Gottes, auf den Boden fallen lassen. Ihr auf zerstörerischen Kampf gegründetes Leben ist nicht dazu angetan, eine Welt herzustellen, wie sie uns im mittleren Hauptteil des Bildes geschildert wird. Zu erwähnen ist noch, daß sich auch Mönche in der Hölle finden. Ein Bettelmönch zum Beispiel hat einen langen

Schnatterschnabel, was sehr sprechend zeigt, wie Bosch die Predigten seiner Zeitgenossen empfunden haben mag. Daß sich auch Musiker, zumindest Instrumente, in der Hölle finden, hat Anlaß zu vielen Spekulationen gegeben. Das Rätsel ist ziemlich leicht aufzulösen. Bosch stellt drei Instrumente dar. Er polemisiert mit diesen drei Instrumenten, die einen Hinweis auf die aufkommende Dreistimmigkeit in der Musik sind, gegen diese neue Musikmode. Bosch ist also ein Anhänger der alten einstimmigen Gregorianik. Im übrigen kritisiert er die Musiker seiner Zeit deswegen, weil er meint, ihr Beruf sei ihnen Selbstzweck und Antrieb zur Eitelkeit und Üppigkeit geworden.

Ein Wort noch zum Teuflischen, wie Bosch es versteht. Er hat seinen Teufel mit einem riesenhaften Sperberkopf und klapperdürren Menschenleib dargestellt. »Wie nach ägyptischer Vorstellung der Sperber in dem Totenland des Westens als Leichenfresser seine Stätte hat, verschlingt auch dieser Höllensperber in gierigem Fraß die Todesbeute.«[16] Dieser Teufel also, der auf einem antitrinitarischen Nachtstuhl sitzt, ist ein ewig fressendes, ewig verdauendes und nie sattes Wesen, das die schönen, klaren Gewässer des Paradieses zu finsteren Kloaken verwandelt. Wenn man will, kann man in dieser Sicht der Hölle, in der sich übrigens überwiegend Männer aufhalten, eine weise Zukunftsschau sehen: »Visionäre Protokolle der Neuzeit.«[17]

Um so schöner ist dann das Mittelbild gestaltet, das ja in Verbindung zum Paradies steht. Aber es gibt auch einige Verbindungen zur Hölle, so daß man auch aus der Hölle herausgelangen kann in den menschlichen Mittelgarten. Die Anhänger des freien Geistes nannten ihren Gottesdienst »Paradies«. Dies Wort galt ihnen als Höchstbegriff der Liebe. So ist auch das mittlere Bild aufzufassen: »Statt einer Zeitabfolge, die den Garten Eden als einstmaligen Beginn vom Paradies der Mitteltafel als künftige Wiederherstellung des Urstandes unterschiede, herrscht die vollkommene Simultanität eines Bewußtseinszustandes, worin der Garten Eden den felsenfesten Glauben an die Unverlierbarkeit der menschlichen Gott-Einigkeit vertritt, die Hölle aber das von Gott getrennte und dadurch hinfällig gewordene Leben zu bedeuten hat, während das Mittelstück als Synthesis das Vorbild eines gottversöhnten Lebens und damit einen Ausweg aus der Hölle zeigt.«[18]

Nur zwei Elemente können für unser Thema aus der Unzahl der Anspielungen in diesem Mittelpunkt herausgegriffen werden. Auffällig ist erstens der Triumphzug um das Lebenswasser in der Mitte. Viele Reiter ziehen hier in einem Kreis fröhlich um das Wasser herum. Wenn man einmal daran denkt, daß die Reittiere die Triebe verkörpern, die hier als durchaus positiv tragende Naturkräfte bewertet sind, dann fällt doch auf, daß die Reiter diese Tiere auch zügeln und beherrschen können, ohne sie unterdrücken zu müssen. So entbehren denn wahrscheinlich auch alle Vorwürfe der offiziellen Kirche an die Adamiten jeglicher Grundlage. Man hatte ihnen sexuelle Ausschweifung vorgeworfen. Deshalb auch hatte man ihr Bild, dieses Mittelbild des Malers Hieronymus Bosch, als »Garten der Lüste« bezeichnet. Es ist ein Garten, aber kein Garten der Lüste, sondern ein zwischen Sinnenglück und Seelenfrieden um die Integrität der Liebesunschuld bemühter Genuß. Das ist doch ein gewaltiger Unterschied gegenüber den geilen Projektionen der kirchlichen Ankläger.

Läßt man sein Auge über das Mittelbild schweifen, dann fällt noch einmal auf, wie häufig das Symbol der Erdbeere erscheint. An allen Ecken und Enden sind Menschen damit beschäftigt, diese Frucht zu essen. Und es sieht fast so aus, als wenn die gesamte Kultgemeinde sich um diese Frucht, die ja eine Beigabe der Liebesgöttin Aphrodite ist, versammle. Für eine Ars amandi geben drei Paare in der linken Bildhälfte reichlich Anschauung. Es sind sorgsam abgestufte Lehrbeispiele. So finden wir einmal einen marmorierten Riesenkürbis, aus dessen eingeschnittenem Oval ein nonnenhaft geschorener Kopf der Braut hervorsieht. Ihr gegenüber steht ein Mann, der ganz vorsichtig ihre Lippen streichelt. Ihr ganzer übriger Körper steckt noch in dem Kürbis, ein Bild dafür, daß Geduld, langsame Annäherung und Abwartenkönnen etwas mit einer erotischen Gartenkultur zu tun haben können.

Das zweite Brautpaar, sozusagen auf der nächsten Stufe, findet sich in eine große, durchsichtige Kugel eingeschlossen. Ihr junges Glück braucht noch den Schutz vor der Außenwelt, wenngleich man schon sehen kann, daß die beiden phallischen Symbole (Maus und Schlange) in diese Kugel, jedenfalls in den Kürbis darunter, hineinkriechen wollen. Allerdings wird ihr Tun von einem Mann im Kürbis scharf bewacht, so daß man fast annehmen kann, es handle sich um einen Meister, der in die Geheimnisse der Erotik einführen will.

Das dritte Liebespaar schließlich befindet sich in einer großen Perlmuschel, die übrigens auch ein marianisches Symbol des Mittelalters gewesen ist. Die Perle entsteht nach mittelalterlicher Vorstellung ohne physische Befruchtung aus reinem Himmelstau. Sie dient vielleicht hier bei Bosch als Gleichnis einer eher geistigen Zeugung und Empfängnis. Wir haben hier also eine Art Liebesweg, der letztlich auch sehr pädagogisch wirkt. Bindekraft ist nicht die sofort ausgelebte Sexualität. Es wirkt bei aller Freiheit des Beliebens eine unsichtbare Bindekraft:»Dies ist die Zärtlichkeit, mit der all diese Insassen der Himmelswiese sich in zutraulichen Verschwisterungen aneinander schmiegen.«[19]

Beide Liebeskünste also, die des Mittelalters wie die der beginnenden Neuzeit, möchten auf ihre Weise den Konflikt zwischen geistiger und animalisch-sinnlicher Natur lösen. Der Rosenroman tut das mit den klassischen Mitteln der Minne, während Bosch in seinem Triptychon ein Problemgemälde entwirft, das diese Gegensätze wieder zu versöhnen trachtet. Bosch verlängert das Paradies in die irdische Existenz, oder besser: Für ihn gibt es ein Hin und Her zwischen Paradies und irdischer Lebenswelt. Das Paradies bedeutet bei ihm eben nicht nur eine Kompensation der irdischen Beschränkungen. Es gibt auch die Möglichkeit, im realen Leben Veränderungen der erotischen Kultur herbeizuführen. Der Garten ist das geeignete, auch symbolische Gehege, in dem man diese kultivierende Veränderung vorführen kann. Auch Bosch hat natürlich gewußt, daß es Widerstände gegenüber dem spontanen Ausdruck der menschlichen Sexualität gibt. Aber er hat darin positiv die Möglichkeit menschlicher Entwicklung in der erotischen Kultur gesehen, während er negativ aber auch den Grund dafür gesehen hat, daß der Mensch in einen Konflikt zwischen seiner animalisch-sinnlichen und seiner geistigen Natur geworfen wird. Bosch besteht darauf, daß der Mensch mit einer Phantasie ausgestattet ist, die es ihm möglich macht, diese Gegensätze wieder zu versöhnen und unermeßliche Freude beim Finden neuer und besserer Wege zu erleben, um

einen zwanglosen Austausch zwischen Paradies und Lebenswelt zu gewährleisten. Damit hat Bosch den Konflikt zwischen
dem schöpferischen Werden und dem sinnlichen Sein des
Menschen einer möglichen Lösung zugeführt. Es ist immer die
Liebe, die die Lösung herbeiführt. Aber sie wandelt sich
ständig selbst, wie die drei Paare zeigen, und obgleich die
Liebe ein mächtiger Fluß in Richtung Vereinigung ist, stellt sie
auch ein großes, zügelndes und regulierendes Werkzeug der
menschlichen Seele dar. Das bedeutet: Die Liebe ist sowohl
der Schöpfer als auch die lenkende Erkenntnis in der Seele der
dort abgebildeten Menschen. Sie ist also, um es noch einmal
anders zu sagen, eine Art Vermittler zwischen dem göttlichen
und dem menschlichen Eros. Sie ermöglicht es sogar, den
numinosen Einfluß des Gottes Eros zu zügeln und sich ihm
zuzeiten zu verweigern, ohne jedoch die Verbindung zu ihm
abzubrechen.

Die Gärten der Theresa

Der Anfänger stelle sich vor,
als beginne er auf einem sehr unfruchtbaren,
mit vielem Unkraut überwucherten Boden
einen Garten anzulegen,
an dem der Herr seine Lust haben soll...

Theresa von Avila

Wer sich, über die Pyrenäen hinweg, Theresa von Avila zuwendet, der kann sich zuweilen so fühlen wie ihr kleiner Bruder. Den packt sie, achtjährig, an der Hand und nimmt Reißaus, Reißaus aus dem Elternhaus. Der Grund ist etwas ungewöhnlich für ein Kind von acht Jahren: Sie will sich von den Mauren den Kopf abschlagen lassen, um so schleunigst in den Himmel zu kommen. Gottseidank wird sie von ihrem Onkel auf der Straße abgefangen und wieder nach Hause zurückgebracht[1]. Wer sich mit Theresa einläßt, der steht in der Gefahr, den Kopf zu verlieren. Dabei war sie eine durchaus praktisch veranlagte Person, die selber durch die Visionen ihres Lebens sehr erschreckt worden ist. Aber sie repräsentierte auch einen neuen Geist.

Die Zeugnisse über Gotteserfahrungen vor ihrer Zeit bewegen sich alle noch in objektiv vorgegebenen Bildern und Räumen. Das ist bei Theresa von Avila anders. Sie schildert die Gotteserfahrungen von innen her, vom Subjekt, aus ihrer einmaligen Biographie. Den Raum dieser Schilderung bildet die Hypersensibilität ihres Leibes. Dieser neue Weg, Gotteserfahrungen von innen her zu schildern, war nicht ungefährlich; der jahrhundertelange Kampf der Kirche gegen die Häresie bezeugt es. Theresa scheint sich auch der Gefährlichkeit ihres Weges bewußt gewesen zu sein. Sie schreibt in einem Brief: »Einer meiner größten Fehler besteht darin, daß ich in Sachen des Gebets immer nach meiner eigenen Erfahrung hin urteile.«[2]

Man muß diese Aussage auf dem Hintergrund einer Zeit lesen, in der religiöse Gruppen, wie ja auch die Adamiten, die sich auf eigene Erfahrungen und neue Lebensweisen beriefen, im Verdacht der Häresie standen. Auch alle menschlich-humanistischen Bestrebungen (wie die des Erasmus von Rotterdam) wurden beargwöhnt. Man befürchtete, der Mensch werde sich mit seiner Eigen-Erfahrung und seinem Eigen-Wert aus den Banden der kirchlichen Autorität lösen. Theresa jedoch ließ sich nicht daran hindern, ihr Angerührtsein von der Gotteserfahrung in der eigenen subjektiven Biographie zu beschreiben. In Spanien redete man damals vom »Goldenen Zeitalter«. Das Wort »golden« hat jedoch ambivalente Bedeutung: Die ungeheuren Schätze, die man aus Südamerika um den Preis von Plünderung, Vergewaltigung und Ausrottung reiferer Kulturen nach Spanien schleppte, brachten zwar Gold und Reichtum und Macht über den Mittelmeerraum, aber sie beinhalteten sogleich einen Verlust an Glaubwürdigkeit gerade jener Religion, deren Reformkräfte zur gleichen Zeit von Leuten wie Ignatius, Johannes vom Kreuz, Philipp Neri und Martin Luther belebt wurden.

Theresa gehörte auch zu diesen Reformkräften, unauffälliger, nicht so theologisch brillant wie die Männer, widersprüchlicher vielleicht auch. Ob sie, die mit einigen Frauen gegen den Widerstand von manchen Ortsgeistlichen die ersten Klöster selber gegründet hat, nun heute eine Wegbereiterin der modernen Frauenemanzipation ist, kann man nicht entscheiden. Das ist zwar ein interessanter Aspekt, und manche Briefe stützen diesen Ansatz, zum Beispiel einer, den sie an Pater Ambrosio Marino de San Benito geschrieben hat: »Wenn ich überlege, in was für einer verfahrenen Situation Sie mich sitzenlassen haben, und wie Sie sich dann um nichts mehr gekümmert haben, dann fällt mir nur noch der Satz ein: Verflucht sei der Mann!«[3] Dies sind humorvolle Beigaben aus dem Leben Theresas, aber sie bilden doch nicht den Hauptaspekt.

Theresa ist auch nicht, wie noch ein Schreiben des jetzigen Papstes aus jüngster Zeit glauben machen wollte, nur eine sehr treue Tochter der katholischen Kirche. Dazu hat sie viel zu sehr unter der Institution mit ihrer Inquisition leiden müssen. Ihre Lebensbeschreibung (»Vida«), die sie nach einigem Widerstreben auf Anraten eines befreundeten Paters schrieb, blieb lange hinter verschlossenen Türen, ehe sie als »unbedenklich« freigegeben wurde. Verrat, Denunziation und Verfolgung erlitt die Heilige, sonderlich von Ihresgleichen. Aber drei Eigenschaften haben sie damals gerettet: ihr Erfindungsreichtum, ihr Mut und ihre Fähigkeit, trotz aller bitteren und enttäuschenden Erfahrungen innerlich nicht zu verhärten oder zynisch zu werden. Diese letzte Eigenschaft ist mit dem Wort »Humor« nur unzureichend erklärt, wenngleich Humor ja so etwas wie die Möglichkeit von Distanz zu sich kennzeichnet. Und eben diese Distanz hat sie gehabt. Sie hat sie sehr differenziert in ihrem großen Werk »Seelenburg« beschrieben. Das Bild von der Burg ist ja auch ein Lieblingsausdruck des deutschen Reformators Martin Luther gewesen. Aber anders als Luther, der aus dem Kloster herausging, sich dem äußeren Leben und der Gestaltung der Gesellschaft zuwandte, konzentrierte sich die spanische Frau des 16. Jahrhunderts auf die Wahrnehmung innerer Prozesse, ohne daß sie vergaß, was außen zu bewerkstelligen war. Die Wahrnehmung dieser inneren Stimme darf man sich jedoch nicht als ungefährliche Beschaulichkeit vorstellen. Es brauchte großen Mut, um die einfachen Impulse aus dem seelischen Bereich wahrzunehmen und ihnen zu folgen. Denn was sollte sie tun, wenn diese inneren Impulse etwas anderes forderten, als Moral, Herkunft und Gewissen geboten? Das war die schwierige Frage der Theresa. Ihr hat sie sich gestellt, übrigens erst spät, kurz nach ihrem 40. Lebensjahr, also in der Lebensmitte. Da versuchte sie zu ordnen, was sie bis dahin erfahren hatte. Sie schrieb es auf, weil sie dazu gedrängt worden war. Sie hatte keine pädagogischen Gründe. Aber sie wollte, daß die Seelen der Nachfahren nicht zu sehr erschrecken, wenn ihnen ähnliche Erlebnisse widerfahren würden, wie Theresa sie gehabt hatte und die sie in immer neuen Anläufen zu schildern versuchte.

Was sie in verschiedensten Wendungen beschreibt, ist eben dieses: eine Liebesgeschichte zwischen dem, den sie anruft, anspricht, im inneren Gebet sucht, und sich selber, der zarten Frau. Ihr Weg ist die Geschichte eines ständigen Ringens um die Befreiung der menschlichen Leidenschaft aus den verunglückten und melancholischen Formen ihrer Befriedigung. Auf diese verschiedenen Lebenskrisen hat Theresa im 20. und im 40. Lebensjahr mit schwerster Krankheit reagiert. Diese Krankheiten sind deswegen zu erwähnen, weil sie als ein Zeichen dafür zu verstehen sind, daß Theresa Angst hatte vor den unbekannten und treibenden Kräften, die sie ahnte und in Visionen erlebte. Sie wollte eigentlich lieber beim Bekannten und Vertrauten bleiben, bei dem, was sie bisher zu leben, zu fühlen oder zu denken gewohnt war. So bedurfte denn auch der Prozeß der Wahrnehmung innerer Impulse langer Übung und zugleich großen Mutes. Es mußte erst etwas wachsen, das Selbstvertrauen ebenso wie das Gottesvertrauen. Denn genau an dieser Stelle lagen die angstmachenden oder gesundmachenden Wendepunkte ihres Lebens, auf jeden Fall aber ein Konflikt.

Wichtiger als ihre spätere reife Schrift, in der sie sich sehr kenntnisreich durch die sieben inneren Seelenwohnungen bewegt, ist ihr erster Versuch, ihre Erfahrungen zu ordnen. Dieser erste Versuch redet nicht von einer Burg, sondern von einem Garten. Dies Gehege fällt der Theresa in ihrer Autobiographie ein, um die verschiedenen Erfahrungen des »inneren Gebets« zu beschreiben. Das »innere Gebet« ist ein Wort für die Haltung zu den Visionen, die diese Frau gehabt hat. Sie beschreibt die Intensität, die Stadien und Inhalte dieser Visionen am Beispiel eines Gartens und seiner Bewässerung. Der Garten dient Theresa also dazu, eine tiefere Selbst- und Gottesbegegnung irgendwie in Bilder zu bringen. Mit diesem Gartenbild liefert sie gewissermaßen eine erste abendländische Psychologie. Sie ist in ihrer vierfältigen Form vergleichbar mit der sehr viel späteren Jungschen Typenlehre. Natürlich hat Jung nicht auf Theresa zurückgegriffen, aber es fällt doch auf, wie ähnlich die Bilder und Schilderungen sind, die beide von den vier Erfahrungsmöglichkeiten eines Menschen geben. Theresa meint: »Meiner Ansicht nach ist nämlich das innere Gebet nichts anderes als ein Freundschaftsverkehr, bei dem wir uns oftmals im Geheimen mit dem unterreden, von dem wir wissen, daß er uns liebt.«[4] Die Hauptfrage ist nun, wie sie zu dieser Begegnung gelangen kann. Dazu erfindet sie ein Gleichnis:

»Der Anfänger stelle sich vor, als beginne er auf einem sehr unfruchtbaren, mit vielem Unkraut überwucherten Boden einen Garten anzulegen, an dem der Herr seine Lust haben soll. Seine Majestät selbst rodet das Unkraut aus und setzt gute Pflanzen ein. Nehmen wir an, es sei dies bereits geschehen, wenn die Seele sich dem innerlichen Gebet hinzugeben entschließt und diese Übung schon begonnen hat. Als gute Gärtner haben wir sodann mit der Hilfe Gottes dafür zu sorgen, daß die Pflanzen wachsen. Wir müssen sie darum fleißig begießen, damit sie nicht verwelken, sondern Blumen hervorbringen, die geeignet sind, durch ihren Wohlgeruch unseren Herrn zu erfreuen, auf daß er recht oft in den Garten komme, um sich zu ergötzen und unter diesen Tugendblumen seine Wonne zu finden.«[5] Theresa fährt dann fort, daß sie auf vielfache Weise den Garten zu bewässern sucht: »Entweder schöpft man das Wasser mit großer Mühe aus einem Brunnen; oder man schöpft es, wie ich selbst schon öfter getan, mit

115

geringerer Mühe und in größerer Menge mittels eines mit Schöpfgefäßen versehenen Rades, das man dreht; oder man leitet das Wasser aus einem Flusse oder einem Bache in den Garten, was noch besser ist, weil die Erde dadurch mehr befeuchtet wird, das Gießen nicht so oft notwendig ist und somit der Gärtner weniger Mühe aufzuwenden hat; oder endlich es geschieht die Bewässerung des Gartens durch einen ergiebigen Regen, wenn nämlich der Herr selbst, ohne irgendeine Bemühung von unserer Seite, den Garten mit Wasser tränkt. Die letzte Art ist unvergleichlich besser als alle vorhergenannten.«[6]

Die genaue Erklärung dieser vier Stufen, man kann besser sagen dieser vier Tiefendimensionen der Innnenschau, werden von Theresa am Beispiel der Gartenbewässerung sehr ausführlich beschrieben. Die erste Weise, den Garten zu bewässern, sah sie darin, daß man das Wasser mit großer Mühe aus einem Brunnen schöpft. Die große Mühe bezieht sich auf den Anfang jeder Übung zur Menschwerdung, wie sie sagt. Aller Anfang sei dort besonders schwer. Man müsse die Einsamkeit aushalten und nicht danach gehen, was andere Leute über einen sagen, und vor allem sei es notwendig, über das vergangene Leben nachzudenken und zugleich sich das Leben Christi anzusehen als eines ergreifenden und ergriffenen Modells. Das alles geschieht auf dem Wege des Denkens: »Es ist nämlich hier unter Wasserschöpfen aus dem Brunnen das Nachdenken mit dem Verstande gemeint. Was soll also in diesem Fall der Gärtner tun? Er freue und tröste sich und halte es für die größte Gnade, in dem Garten eines so erhabenen Gebieters arbeiten zu dürfen. Weil er weiß, daß er diesem dadurch Freude bereitet, und seine Absicht dahin gehen muß, nicht sich selbst, sondern ihm zu gefallen, so lobe er ihn höchlich für das Vertrauen, das er in seinen Gärtner setzt, den er auch ohne Lohn so großen Fleiß auf die anbefohlene Arbeit verwenden sieht.«[7] Dieser erste Schöpfweg ist also ein Weg des Nachdenkens und des Abschieds von jeglichem Kreisen um sich selbst.

Auffällig ist die Parallelität der Bilder Theresas zu den vier Funktionen des Bewußtseins bei C. G. Jung. Er setzt an die erste Stelle, neben Empfinden, Fühlen und Intuieren, das Denken. Die Vier gilt ja seit Urzeiten als Ausdruck der

Ganzheit, Vollständigkeit und Totalität. Wenn alle vier Funktionen, das Denken, das Empfinden, das Fühlen und das Intuieren, aus ihrem unbewußten Dunkel ins Bewußtsein gehoben werden könnten, dann ergebe das sozusagen einen Kreis, und man könne bei einem Menschen, der dies alles ins Bewußtsein gehoben hat, von einem vollkommenen Menschen sprechen. In Wirklichkeit allerdings kann dieses Ergebnis immer nur annähernd und niemals ganz erreicht werden. Kein Mensch ist dazu fähig, alles Dunkle in sich aufzuhellen; wäre er dazu fähig, so hieße dies, daß er auch den letzten Erdenrest abzustreifen vermöchte. Aber man kann durch diese Parallelität schon sagen, daß es auch bei der Theresa um eine Selbst- und Gotteserkenntnis, um einen Individuationsweg geht, wie ihn die moderne Psychologie mit ihren Begriffen beschreibt.

Theresa freilich benutzt sehr viel andere, handfestere Bilder, eben dies, daß man das Wasser mühselig aus dem Brunnen schöpfen muß. Formal übrigens beschreibt die spanische Mystikerin dies alles in einer einzigen großen Anrede an Gott, als wäre er eine Instanz, die es ihr erst ermöglicht, auf die schwierige Seelenreise zu gehen: »Die göttliche Majestät führe uns den Weg, der ihr gefällt; denn wir gehören nicht mehr uns selbst, sondern Gott an. Der Herr erweist uns Gnade genug dadurch, daß er uns den Willen einflößt, in seinem Garten zu graben und in seiner Gegenwart zu bleiben; denn es ist gewiß, daß er uns zur Seite steht. Gefällt es ihm, daß bei dem einen die Pflanzen und Blumen wachsen, indem er ihnen Wasser gibt, daß sie aus dem Brunnen schöpfen können, bei den anderen aber dadurch, daß er ihnen solches vorenthält: was kümmert's mich?«[8]

Diese in Seelenschau geübte Frau geht also recht vertrauensvoll und stark in die Auseinandersetzung mit den dunklen Seiten ihrer selbst und ihrer Umgebung. Diese dunklen Seiten benennt sie, wenn sie von mutlosen Gedanken spricht, die man meiden solle. Ein anderer Fehler oder eine andere Versuchung sei der voreilige Missionseifer, den man bei so vielen beobachten könne, die soeben Berührung mit der Psychologie ihrer selbst bekommen haben: »Kaum hat man von der Ruhe und dem Glück des geistlichen Lebens etwas zu genießen begonnen, so regt sich auch schon der Wunsch, es sollten alle

Leute sich mit Eifer diesem Leben widmen.«[9] Ein weiterer
Fehler wird von ihr sehr drastisch benannt. Es ist die hem-
mungslose Projektion: »Ich meine den Schmerz über die Sünden und die Fehler, die man an anderen wahrnimmt. Der böse
Feind gibt nämlich den Anfängern ein, dieser Schmerz komme
nur aus dem Verlangen, daß Gott nicht beleidigt werde, und
es sei nichts anderes als Trauer um seiner verletzten Ehre
willen; und sogleich möchten sie einem solchen Übel abhelfen.
Den größten Schaden erleiden sie jedoch dadurch, daß sie
meinen, es sei dies Tugend, Vollkommenheit und großer Eifer
für Gott.«[10]

Theresa warnt auch vor falschen Gurus: »So habe ich
Seelen getroffen, die ganz mutlos und niedergeschlagen
waren, weil der geistliche Führer, der sie unterwies, keine
Erfahrung hatte. Diese Seelen dauerten mich. Eine von ihnen
wußte gar nicht mehr, was sie mit sich anfangen sollte; denn
solche Führer, die in geistlichen Dingen kein Verständnis
haben, quälen Seele und Leib und hemmen den Fortschritt.
Eine andere erzählte mir, wie sie ihr geistlicher Führer acht
Jahre lang so gefesselt hielt, daß er ihr nicht gestattete, über
die Erkenntnis ihrer selbst hinauszugehen, obwohl sie der
Herr schon zum Gebete der Ruhe erhoben hatte; darum litt
sie große Pein.«[11] Also auch schon im 16. Jahrhundert gab es
den Mißbrauch in der therapeutischen Arbeit. Theresa fährt
übrigens fort, daß man von der Selbsterkenntnis niemals ablas-
sen solle, doch müsse sie mit Maß genossen werden: »Die
Betrachtung der Sünden und die Erkenntnis seiner selbst ist
das Brot, das man auf dem Wege des Gebets zu allen Speisen,
so köstlich sie auch sein mögen, genießen muß, ja ohne dies
Brot könne man sie gar nicht erhalten. Doch muß es mit Maß
genossen werden.«[12]

Die zweite Möglichkeit, einen Garten zu bewässern, war:
Man schöpft mit dem Schöpfrad. »Der Herr des Gartens
nämlich hat angeordnet, daß der Gärtner mittels einer aus
einem Schöpfrade und Leitungsröhren bestehenden Vorrich-
tung mehr Wasser gewinnt, dabei weniger Mühe hat und, ohne
beständig arbeiten zu müssen, auch ausruhen kann. Diese Art,
Wasser zu schöpfen, auf das Gebet angewendet, bezeichnet
jene Stufe, die man das Gebet der Ruhe nennt.«[13] Theresa
bleibt nicht bei solchen Benennungen stehen. Sie beschreibt

sehr praktisch, wie sich der Mensch auf dieser Stufe zu sammeln beginnt und jene Bereiche berührt, die er mit dem Denken und dem Willen nicht so leicht berühren würde. Im Gegenteil, jetzt gibt der Wille, wie Theresa sagt, seine Zustimmung dazu, »daß Gott ihn in Haft halte, indem er wohl weiß, daß er ein Gefangener dessen sei, den er liebt«[14]. Die Tätigkeit des Willens wird durch innere Ergriffenheit in Ruhe versetzt und damit in einen schwingenden Zwischenzustand gebracht. Der Verstand bleibt in seinen Denkbewegungen frei, ebenso auch das Gedächtnis und die Phantasie.

Theresa nennt diese zweite Stufe ihrer mystischen Erfahrung das »Gebet der Ruhe«. Sie wählt die Ruhe deswegen, weil sie damit sagen will, daß die Übungen der mystischen Schau zu einer Ruhe verhelfen, die ihren Sitz im tiefsten Kern des Menschen hat; eine Ruhe, die sich sowohl auf den Leib wohltuend auswirkt als auch das Wachstum der Seele fördert. Entspannungs- und Atemtechniken geben eine Ahnung davon, was Theresa gemeint hat. Die Ruheerfahrungen der modernen Form von Meditation werden jedoch vom Menschen inszeniert und setzen ihn dann in ein beruhigtes Dasein. Aber Theresa sträubt sich gegen solche Erfahrung. Sie will gleichsam noch die Erfahrung selber loslassen, um nur noch »den Anderen« zu erleben und anzuschauen. Bei ihr begegnet eine gerichtete Form der Selbstvergessenheit. Theresa kennt, wie viele andere Mystiker, die Ungreifbarkeit alles Greifbaren. Doch bei ihr ist dies kein In-sich-Ruhen, sondern eine Art intensives Aufmerken. Die erste Wirkung ist denn auch, wie sie schreibt, eine »Selbstvergessenheit der Seele«, die so weit geht, daß es scheint, als existiere sie überhaupt nicht mehr, oder als wandle der Herr selbst aus Lust im Garten der Seele[15].

Damit aber befinden wir uns schon in der dritten Schicht ihres Gartengleichnisses, in der das Wasser aus dem Fluß oder einer Quelle in den Garten geleitet wird: »Die Art ist weit weniger mühsam als die vorhergehenden, wenn auch das Leiten des Wassers in den Garten immerhin einige Arbeit macht. Der Herr will hier dem Gärtner in einer Weise helfen, daß er gewissermaßen selbst der Gärtner ist und selbst alles tut. Die Seelenkräfte befinden sich in einem Zustand des Schlafes, wobei sie sich zwar nicht ganz verlieren, aber auch nicht begreifen, wie sie wirken. Das Vergnügen, die Süßigkeit und die Wonne ist hier unvergleichlich größer als bei der vorigen Gebetsstufe. Es ist, als ob der Seele das Wasser der Gnade bis an die Kehle reiche, so daß sie weder vor- noch rückwärts gehen kann und nicht weiß, wie sie es imstande wäre. Sie möchte nur die überaus große Herrlichkeit genießen, die ihr hier zuteil wird. Es ist ihr wie einem Sterbenden, der schon die Kerze in der Hand hält und dem wenig mehr fehlt, des ersehnten Todes zu sterben... Es ist dies eine glorreiche Verrücktheit, eine himmlische Torheit, in der man die wahre Weisheit erlernt; es ist dies für die Seele ein überaus wonnevoller Genuß.«[16]

Wie immer faßt auch hier die Sprache das Geschehen genau: Im Grunde geht es um eine Art Umorientierung der Theresa, um eine Ver-rücktheit, gesteuert von einer Begegnungskraft und verbunden mit der Bereitschaft, sich verrücken zu lassen. Das »Ich« muß eben von Zeit zu Zeit und gewiß gegen Ende des Lebens seine zentrale Position aufgeben. Das hat Theresa genau verspürt. Deshalb spricht sie hier von Tod und Kerze. Gemeint ist der Augenblick der Vereinigung mit Gott, besser gesagt: der Verwundung durch Gott, wie die bekannte ekstatische Marmorskulptur der Theresa von Gian-Lorenzo Bernini es darstellt. Theresa hat damit auf ihre Weise beschrieben, daß die Heilung der Seele von unserer unbewachten Seite her kommt, von da, wo wir töricht, verrückt und verletzlich sind.

Theresas Weg, ausgedrückt in diesen ersten drei Möglichkeiten, einen Garten zu bewässern, ist der Weg einer Freundschaft mit Gott. Diese Gottesfreundschaft, von der Theresa immer wie selbstverständlich redet, ist kein Bild der Selbstvergottung des Menschen. Daß es das nicht ist, besagt schon die Form. Ihre gesamte Biographie ist in der Form eines Gebets geschrieben, freilich nicht als ein bettelndes Gebet, so wie ein Knecht zu seinem Herrn betet. Es ist auch nicht das vertrauensvolle Gebet des Kindes, das seinen Vater im Himmel anruft. In ihrer Gottesfreundschaft nimmt Theresa Gott nicht nur in Anspruch für sich selbst, sondern auch für die Welt und deren Geschäfte[17]. Sie sorgt sich mit Gott um das Schicksal der Welt. Sie leidet mit Gott am eigenen und am Widerspruch der anderen Menschen. Sie berät Gott, weil er sich mit ihr beraten will. Furcht ist nicht in ihrem Gebet, dafür aber Gewißheit. Gottesfreundschaft geht von der Erfahrung aus, daß Gott mit sich reden und seine Freundinnen auf sich einwirken läßt. Nicht also Demut des Knechtes oder Dankbarkeit des Kindes bestimmen das »innere Gebet« der Theresa, sondern die Vertraulichkeit und Verantwortlichkeit des Freundes, der einen Garten zu bewässern hat, seinen Garten, und der dabei immer selbständiger wird.

Wie das endlich aussehen könnte, versucht die spanische Mystikerin mit dem vierten Bild zu beschreiben. »Versucht« wohlgemerkt, denn »wie nun das ist, was man Vereinigung nennt, und was es ist, kann ich nicht erklären«[18]. In ihrem Gartengleichnis wählt sie das Bild des Regens: »Auf der vierten Gebetsstufe merkt man gar nichts von einer Arbeit, sondern hat nur Genuß, ohne jedoch zu verstehen, was man genießt. Man erkennt zwar, daß man ein Gut genießt, in dem alle Güter zusammengeschlossen sind, aber man begreift nicht dieses Gut. Alle Sinne sind so sehr in den Genuß verschlungen, daß es keinem von ihnen möglich ist, sich, sei es innerlich oder äußerlich, mit etwas anderem zu beschäftigen ... Findet eine Vereinigung aller Vermögen statt, dann kann die Seele, solange diese Vereinigung dauert, unmöglich sich mit etwas Äußerem beschäftigen, wenn sie auch wollte; kann sie es, so ist die Vereinigung noch keine vollständige.«

So kann wahrscheinlich nur eine Frau sprechen. Dies ist keine einfache Gottesfreundschaft mehr, sondern eine Liebesvereinigung mit Gott. Sie entsteht, weil Theresa sich selbst als die große Freundin Gottes zu achten beginnt. Sie beginnt sich selbst mit der Liebe zu lieben, mit der sie sich von Gott geliebt weiß. Das beschreibt sie jedoch nicht geistig abstrakt, sondern – wenn auch gleichnishaft – körperlich konkret: »Während also die Seele in besagter Weise Gott sucht, fühlt sie, wie sie in übergroßer, süßer Wonne fast ganz dahinschmachtet und in eine Art Ohnmacht versinkt. Der Atem stockt, und alle Körperkräfte schwinden, so daß sie nicht imstande ist, auch nur die Hände zu rühren, außer nur mit großer Pein. Die Augen schließen sich, ohne daß sie es will; und hält sie diese offen, so sieht sie fast nichts. Will sie lesen, so kann sie keinen Buchstaben aussprechen; und kaum kennt sie noch die Buchstaben, die sie vor sich hat. Sie sieht zwar, daß Buchstaben da sind;

weil aber der Verstand nicht nachhilft, so kann sie auch nicht lesen, selbst wenn sie wollte. Sie hört, versteht aber das nicht, was sie hört. Ihre Sinne nützen ihr also nichts, sondern schaden ihr vielmehr, weil sie ihr zum Hindernisse sind, vollkommen in ihrer Ruhe zu bleiben. Es schwindet alle äußere Kraft, indes die Kräfte der Seele zunehmen, damit diese ihre innere Seligkeit um so besser genießen könne ... Der Wille ist zweifelsohne ganz mit Lieben beschäftigt, versteht aber nicht, wie er liebt. Wenn der Verstand erkennt, so versteht er doch nicht, wie er erkennt; wenigstens kann er von dem, was er erkennt, nichts begreifen.«[19]

Was hat Theresa hier, in ihrem vierten Gartengleichnis, wo der Regen den Garten bewässert, erfahren? Man ist geneigt, Theresas Schilderungen als seelische Tiefenerfahrungen erklärend aufzulösen. Sie selber jedoch erlebt es anders. Sie erlebt es wie einen Garten, der den Regen empfängt. Sie kann sich hier nicht mehr mit-teilen, weil sie selber zum Teil dessen geworden ist, das es mitzuteilen gilt. Daß Gott einen Menschen berührt und wie Gott ihn berührt, gehört eben in die innersten Geheimnisse eines Menschen. Man kann den »von Gott her einfallenden Stein« und »die Wellenbewegungen innerhalb der eigenen Psyche«[20] nicht mehr unterscheiden. Nur der Betroffene selber weiß wohl von dem Unterschied zwischen »Regen« und »Garten«. Dies Bild will das Unsagbare sagen.

Es ist grundsätzlich schwierig, solche Erfahrungen zu formulieren, und es ist noch schwieriger, sie in unsere Gegenwartssprache zu übersetzen. Darum wurde Theresa so ausführlich zitiert. Man spürt ihr die Mühe ab, etwas zu sagen, was mit der »Sagekraft« unserer sinnengebundenen Sprache nicht mehr anschaulich auszusprechen ist:»Mit den Worten, die Gott zur Seele sagt, wird einem oft – ich kann nicht sagen auf welche Weise – viel mehr zu verstehen gegeben, als die Worte selbst sagen.«[21] Der Garten und die vier Möglichkeiten, ihn zu bewässern, ist ein Versuch, zu beschreiben, was Theresa erfahren hat. Daß es sich bei ihrer mystischen Erfahrung um einen Dialog handelt, um eine Wechselwirkung zwischen Wasser und Gartenerde, kommt an vielen Stellen ihrer Lebensbeschreibung zum Ausdruck, klassisch jedoch und häufig zitiert in einer Paraphrase des Hohenliedes über die Liebe Gottes:

»Ich weiß nicht, ob meine Ansicht nicht eine Torheit ist. Mir scheint die Liebe ein vom Willen entsendeter Pfeil zu sein. Fliegt dieser mit all der in ihm liegenden Kraft, frei von allen irdischen Dingen, nur allein auf Gott zielend dahin, so muß er in Wahrheit die göttliche Majestät verwunden, so daß er, in Gott selbst, der die Liebe ist, versenkt, von da mit außerordentlichem Gewinn wieder zurückkehrt.«[22]

Hier also wird die Gottesfreundschaft zur Gottesverwundung. Die Vorstellung der Wunde besagt: Es gibt eine Art Infizierung Gottes durch die Menschenliebe. Gott wird verwundet. Es gibt eine Stelle in der Mauer, durch die er verwundbar ist, durch die er auf sich einwirken läßt. Die Pfeile der Liebe verwunden sowohl wie sie heilen, und sie sind Rufe, die, wie der rückkehrende Pfeil sagen will, auch erhört werden.

Um jedoch ihre Erfahrungen ins Wort zu bringen, wählt Theresa den Vergleich. Sie liebt besonders die Bilder von Wasser und Garten, Brunnen und Schöpfen, die Mühen des Gärtners, um ihren Weg des »inneren Gebets« zu beschreiben. Die »Stufen« des Gebets von der großen Mühe bis zum reinen Genuß und Geschenk zeigen, daß sie als einander durchdringender Prozeß zu verstehen sind. So stellt auch die Stufe des »vierten Wassers« keinen Endzustand dar. Theresa will vielmehr den Leser darauf vorbereiten, die Ekstasen, Auditionen und Verwundungen des Herzens und die Kraft der Liebesenergie zu verstehen, von denen sie in ihrer »Vida« berichtet. Sie erzählt – ganz anders als etwa Franz von Assisi – von ihren Erfahrungen des Transzendenten aus aufmerksamer Innenschau heraus. Äußere Räume und Bilder werden bei ihr abgelöst durch das Kriterium der eigenen Erfahrung. Ihre Sprache allerdings kann nicht jene trockenen Begriffe verwenden, die man heute gebraucht. Dazu verlangt der »Gegenstand« denn doch zu sehr nach Bildern. Der Garten und seine Bewässerung bietet sich für die Spanierin von allein an. Daß sie die reale Anschauung eines solchen Gartens gerade jenen »Mauren« verdankt, von denen sie sich als Kind in frommem Eifer den Kopf abschlagen lassen wollte, ist nur eine kleine ironische Pointe.

Die Gärten der Philosophen

Einer Pflanze in meinem Garten gebe ich,
wenn sie dort wachsen soll, die äußere Freiheit,
daß sie dort wachsen kann.
Alles Weitere tut sie, wenn sie gesund und kräftig genug ist,
aus innerer Freiheit von alleine.
Das ist ihre Natur: von sich aus nach ihren Lebensgesetzen
das zu werden, was sie werden soll.

Klaus Michael Meyer-Abich

Aber, Freund«, so sagt in einem ergreifenden Dialog über Liebe und Rede der Philosoph Sokrates zu seinem Schüler Phaidros, »ist nicht dieses der Baum, zu dem du mich hinführen wolltest?« Es war in der Tat der Baum, zu dem der Schüler seinen Lehrer führen wollte, eine Platane »so umfassend und erhaben, die Höhe und das Schattige des Gesträuchs überaus angenehm und so voller Blüte, daß es den Ort mit süßestem Wohlgeruch erfüllt«. Platon läßt seinen Sokrates diesen Ort des Philosophierens im Hain der Akademie ausführlich beschreiben: »Auch fließt die lieblichste Quelle unter der Platane dahin von gar kühlem Gewässer, wie man am Fuße spürt... Auch die Luft des Ortes ist so erquickend und anmutig und mischt ihr sommerliches Gesäusel in den Chor der Zikaden. Am allerartigsten ist das Gras; denn seine sanfte Erhebung ist so bequem darauf zu liegen und mit dem Kopfe schön zu ruhen...«[1]

Bei fließender Quelle, Wohlgeruch und sanfter Unterlage läßt sich trefflich philosophieren. Sokrates geht es in dem Dialog um die »Lesbarkeit« der Welt, um die »lebendige und beseelte Rede des Wissenden«, die um so vieles lehrreicher sei als ihr »Schattenbild«, die geschriebene Rede. Sokrates vergleicht beide Formen der Rede, die beseelte, lebendige mit der toten, geschriebenen, die in lauter Buchstaben gebannt erscheint. Es ist kein Zufall, daß dies ausgerechnet in einem Garten geschieht, wo doch die Vielfalt der Natur, wie Sokrates beschreibt, anzuschauen, zu riechen und zu schmecken ist. Aber kann man einen Garten mit Buchstaben erfassen, kann man die Welt des Gartens buchstabieren? Sokrates beantwortet diese Frage so: Es komme darauf an, in welchen Garten man sät und wie die Buchstaben dann aussehen, die den Garten beschreiben sollen. Er spielt auch noch einmal auf den bereits erwähnten Adonisgarten an, der ja einen schlechten Boden hatte und der die Saat schnell zum Verwelken brachte: »Sagt mir nun dieses. Wird wohl der verständige Landmann den Samen, an dem ihm gelegen ist und aus welchem er Frucht zu ziehen wünscht, ernstlich zur Sommerzeit in Adonisgärtchen streuen und seine Freude daran haben, sie in acht Tagen schön blühend zu sehen! Oder wird er dieses nur des Spiels und der Festlichkeit wegen tun, wenn er es überhaupt tut; das aber, womit es ihm Ernst ist, nach den Regeln der

Ackerbaukunst in den angemessenen Boden säen und zufrieden sein, wenn die Saat im achten Monat ihre Reife erlangt?«[2]

Natürlich entscheidet sich der Dialogpartner des Sokrates für die zweite Möglichkeit: Der Landmann wird einen guten Boden suchen und acht Monate warten, um zu ernten. So soll es auch, befindet der Philosoph Sokrates, mit den »Buchstabengärtchen« sein. Man soll sie nicht zum Scherz und zur Kurzweil besäen. Denn dann welken sie ebenso schnell wie die Adonisgärtchen. »Wenn er aber in der Absicht schreibt, sich selbst Erinnerungen aufzubewahren für den Zeitpunkt, wo das Alter der Vergessenheit herbeikommt, so wird er sich freuen, sie aufsprossen zu sehen. Noch weit schöner aber, glaube ich, ist diese Beschäftigung, wenn man sich der dialektischen Kunst befleißigt und in eine empfängliche Seele, die man findet, mit Erkenntnis und Einsicht Reden pflanzt und sät, die sich selber und ihren Erzeuger zu verteidigen imstande sind und nicht unfruchtbar bleiben, sondern einen Samen bewahren, aus welchem wieder andere Reden im Gemüt anderer entkeimen, die den Samen unsterblich machen und den, der ihn besitzt, so glückselig, als der Mensch nur zu werden vermag.«[3]

Hier, bei Plato, kommt zum ersten Mal die pädagogische Deutung des Gartens zum Zuge: Der Lehrer erscheint als Gärtner oder als Landmann, der einen guten Boden einem schlechten vorzieht und der auf Geduld setzt statt auf schnelle Wirkung. Denn in den Böden des Adonisgärtchens wächst zwar alles sehr schnell, aber ebenso schnell ist auch alles wieder verwelkt.

Aber der platonische Sokrates ist eigentlich gar nicht am Garten und dessen Boden interessiert. Er gebraucht ihn nur als Beispiel, obwohl doch auch die äußere Szene in einem blühenden Garten spielt. Zwar beschreibt Sokrates die Platane, die Quelle oder das sanfte Gras, aber nicht, um aus ihnen zu lesen, sondern um zum Beispiel seinen Körper darauf auszuruhen. Ihm ist es um die Begriffe zu tun. Das Angeschaute oder der Garten sind für Sokrates nur vorläufig, erst der Begriff oder Logos verbürgt die Erinnerung. Nicht umgekehrt. Es scheint, als ob die Sehnsucht nach dem Ganzen, wie so oft in der Philosophie, die Wahrnehmung des Details gefährdet hat. Tatsächlich jedoch hat der Hain des Akademos, den Platon um 390 vor Christi Geburt gekauft hatte, mehr als acht Jahrhunderte lang bestanden und den Griechen als Ort ihrer Philosophie gedient. Philosophie in ihren griechischen Ursprüngen ist also mit dem Garten aufs engste verbunden, wenngleich sie sich wenig für ihn selbst interessiert hat. Er wurde ihr, wenn sie ihn überhaupt beachtete, sofort zum Gleichnis mit pädagogischer Absicht.

Wir können dies nicht weiter verfolgen, aber immerhin geht der Kindergarten Friedrich Fröbels auf diese Tradition zurück, ebenso wie ein Brief Martin Luthers an seinen Sohn Hans. Bei Luther jedoch überwiegt noch die Lust vor der Zucht: »Ich weiß einen schönen Garten, da gehen viel Kinder innen, haben güldene Röcklein an und lesen schöne Äpfel unter den Bäumen, und Birnen, Kirschen, Spekling und Pflaumen; singen, springen und sind fröhlich; haben auch schöne kleine Pferdlein mit güldenen Zäumen und Sätteln. Da fragt ich den Mann, des der Garten ist: wes die Kinder wären? Da sprach er: es sind die Kinder, die gern beten, lernen und fromm sind.«[4] So ganz ohne Ermahnung kommt Luther also auch nicht aus, wenn er seinen Kindergarten erwähnt. Kaum jedoch macht einer der Philosophen oder Theologen den Versuch, das Bild des Gartens als ein Bild der Kultur überhaupt zu verstehen. Das tut erst, freilich in regionaler Behaglichkeit, der Hamburger Barthold Hinrich Brockes.

In seinem neunbändigen lyrischen Opus »Irdische Vergnügen in Gott« räumt er dem Garten ein eigenes Kapitel ein. Der Garten sollte für ihn die Möglichkeit abbilden, das Buch der Natur lesbarer zu machen. In barocker Methaphorik und Allegorik ist Brockes mit pedantischer Emsigkeit dabei, die Mitteilungen zu sammeln, die in der Natur für den Menschen ausgestreut sind. Dem Vergißmeinnicht zum Beispiel entnimmt er den gleichlautenden Zuruf des Schöpfers, was für seine Zeit bereits rührend klingt:

»Und fand von Kräutern, Gras und Klee
In so viel tausend schönen Blättern
Aus dieses Weltbuchs ABC
So viel, so schön gemalt, so rein gezogne Lettern,
Daß ich, dadurch gerührt, den Inhalt dieser Schrift
Begierig wünschte zu verstehn...
Ein jedes Gräschen war mit Linien geziert,

Ein jedes Blatt war vollgeschrieben;
Denn jedes Äderchen durchs Licht illuminiert,
Stellt' einen Buchstab vor. Allein,
Was eigentlich die Worte sein,
Blieb mir noch unbekannt...«[5]

Man ist geneigt, dies schwülstig zu finden. Aber immerhin liegt in Brockes Gartengedichten trotz aller mühsamen Vergleiche mit der menschlichen Seele die Möglichkeit beschlossen, daß der betrachtende Mensch selber ein Teil des Gartens ist. Vielleicht kann man den Garten Erde auch gar nicht anders erfassen als metaphorisch: Der Kaufmann hält dann die Erde für ein Kontor, der Handwerker für eine Werkstatt, der Arzt für ein Krankenhaus, der Philosoph für ein System, wobei die Erde als Planet sich so dreht, daß sie »oft in Hitz' und Frost, in Licht und Schatten stecket, / Woran der äußre Rand mit Narren ganz bedecket«[6]. Das klingt idyllisch und auch ein wenig spöttisch. Brockes nimmt sich auch sofort zurück und versichert, »es sei die Welt / Ein Buch, das göttliche Geheimnis' in sich hält«, ein unbegreifliches Gartenbuch, ein »Wunder ABC! / Worin als Leser ich und auch als Letter steh!«[7]. Brockes also, bei aller Sentimentalität, sprengt die Anthropozentrik späterer Philosophie darin, daß er sich selbst als Zuschauer und Betrachter des Gartens, zugleich aber auch als Teil des Gartens versteht. Er ist Leser und Letter, Betrachter und Teil, was dann wenig später bei Lichtenberg dazu führt, die Welt als etwas zu verstehen, das nicht da ist, »um von uns erkannt zu werden, sondern uns in ihr zu bilden«[8]. Daß der Mensch zur »Mitwelt« werden kann, ist also in Brockes Gartenschau vor Hamburgs Toren bereits angelegt. Es ist wieder Hamburg der Ort, wo heute ein Philosoph den Garten noch einmal entdeckt. Klaus Michael Meyer-Abich ist nicht nur Hochschullehrer, sondern inzwischen auch aktiver Politiker in der Hansestadt.

Angeregt wurde der Physiker und Philosoph von seinem Lehrer Carl Friedrich von Weizsäcker. Der veröffentlichte im Jahr 1977 eine Sammlung von Aufsätzen unter dem Titel »Der Garten des Menschlichen«. Die meisten Beiträge dieses Bandes entsprachen dem Garten zunächst nur in ihrer formalen Gestaltung. Sie waren »von vornherein unter dem Gesichtspunkt geschrieben, einmal als Teile einer lockeren, gartenähnlichen Darstellung der Fragen geschichtlicher Anthropologie veröffentlicht zu werden«[9]. Es sollte also, ähnlich wie bei Brockes, vom Menschen die Rede sein, freilich nicht in narzißtischer Weise. Weizsäcker suchte mit dem Gartenbuch Distanz zum selbstverliebten Reden vom Menschen. Aber dann fällt ihm zum Garten nur ein, daß es dort Wege gibt. Weizsäcker schätzt an dem Bild des Gartens die geordnete Anlage, die freilich vom je anderen Blickpunkt aus ein verschiedenes Bild ergibt. Weizsäcker sieht den Garten als Bild für die menschlichen Beziehungen untereinander: »Es sei erlaubt, menschliche Beziehungen mit Gewächsen des Gartens zu vergleichen: die Rose pflegt man anders als den Apfelbaum, das Gemüsebeet anders als den Rasen... Diese Möglichkeit, im Menschlichen hin und her zu wandern, wollte ich wohl mit dem Titel ›Der Garten des Menschlichen‹ andeuten.«[10] Er steht also in platonischer Tradition: Auch ihm wird der Garten zum Bild, ohne daß die Metaphorik noch einmal aufgelöst wird und daß der Garten selber angeschaut wird.

Das freilich besorgt Meyer-Abich, der eine praktische Naturphilosophie für die Umweltpolitik entworfen hat[11]. Er leitet damit ein – zumindest denkerisches – Interesse an einer Kulturform wieder ein, die immer mehr der pflegerischen Aufmerksamkeit entglitten ist. Sein Ausgangspunkt ist ganz einfach, daß der Mensch zur Natur gehört. Freilich gestaltet er sie um. Er ist und bleibt jedoch ein Teil der Natur. Wenn er sich ihr gegenüber wie ein Plünderer verhält, dann steht er am Ende selber geplündert da. Es gibt dann wieder Gartenfrevel: »Wir nehmen dadurch am Leben teil, daß die Natur in uns zur Sprache und so zu sich kommt.«[12] Es hängt also vom Gärtner ab, ob der Garten die Chance zu blühen und zu wachsen erhält. Es hängt zudem von der Wahrnehmung ab, ob der Mensch überhaupt noch merkt, daß sich im Garten etwas zum Schaden der Gärtner verändert. Nach einem spöttischen Spruch nehmen die Leute des 20. Jahrhunderts die Welt, die sie auf dem Spaziergang sehen, nur noch an drei bis vier Gegenständen wahr: Weg, Baum, Haus und Hund[13]. Meyer-Abich führt dieses verengte Augenmaß auf die Tatsache zurück, daß wir in unserem Denken und Handeln sehr einseitig auf die industrielle Wirtschaft fixiert sind. Es bedarf anderer Wahrnehmungskreise, die der industriewirtschaftlichen Wahrnehmung Grenzen setzen. Dazu müssen jedoch die Sinne geschärft werden. Als Modell für solche Sinnesschärfung schlägt der Philosoph und Politiker den Garten vor. Bereits auf dem Kirchentag in Hannover beschrieb er, was er darunter versteht: »Einer Pflanze in meinem Garten gebe ich, wenn sie dort wachsen soll, die äußere Freiheit, daß sie dort wachsen kann. Alles Weitere tut sie, wenn sie gesund und kräftig genug ist, aus innerer Freiheit von alleine. Das ist ihre Natur: von sich aus nach ihren Lebensgesetzen das zu werden, was sie werden soll. Die Notwendigkeit dieses Wachstums nach Naturgesetzen ist, weil Natur Schöpfung ist, als Selbstbestimmung die Erfüllung der Freiheit.«[14] Wenige Jahre später, im Januar 1986, geht er dann noch weiter: »Ich halte den Garten für die Keimzelle einer Erneuerung unserer Kultur.«[15] Das klingt nur beim ersten Hören reichlich kleingärtnerisch. Der Grund für diese These liegt darin: Pflanzen des Gartens sind außerordentlich empfindliche und sensible Anzeiger dafür, was alles an Lebewesen heimlich still und leise stirbt oder verschwindet. Pflanzen machen am ehesten deutlich, was wir ihnen antun und zumuten. Sie protestieren nicht. Sie kommen einfach nicht mehr wieder. Wir wären schon gebessert, wenn wir das bemerkten. Dafür ist der Garten gut geeignet. Ein zweiter Grund jedoch, den Garten zur »Keimzelle« einer erneuerten Kultur zu erklären, liegt in seiner Schönheit: Ein kultivierter, nicht zwanghaft beschnittener Garten kann vielleicht daran erinnern, daß eine Welt mit Menschen immer noch schöner ist als ein Globus ohne Menschen, schöner auch als bloße Wildnis. Meyer-Abich weiß natürlich, daß dies nur ein Modell ist. Denn wer in den Betonvorstädten von Hamburg hat schon einen eigenen Garten? Der Hinweis auf den Garten macht eher bewußt, wie sehr er angesichts der Verschandelung von Landschaft und Stadt fehlt. Der Bau von Industrieanlagen, Wohnblöcken, Straßen und Freileitungen führt auch bei Meyer-Abich zu dem Seufzer: »Ich wünschte, die von diesen Maßnahmen Betroffenen hätten sich besser zu Wehr setzen können.«[16] Denn der Stand unserer politischen Kultur bemißt sich auch daran, wieweit auf Mitbürger auch dann Rücksicht genommen wird, wenn sie nicht nur national, sondern auch regional und lokal in der Minderheit sind. Darüber hinaus bemißt sie sich aber auch daran, wie wir selber auf die umgebende Natur reagieren.

Erich Fromm hat einmal zwei solcher extremer Reaktionsweisen auf die Existenz einer Blume beschrieben. Die eine Reaktion eines englischen Dichters aus dem 19. Jahrhundert lautet:

»Blume in rissiger Mauer,
Ich pflücke dich aus den Rissen,
Ich halte dich samt der Wurzel in meiner Hand,
Kleine Blume – und wenn ich verstehen könnte,
Was du bist, mit allen Wurzeln, Blättern und Blüten, ganz,
Wüßte ich, was Gott und was der Mensch ist.«[17]

Der andere Text eines japanischen Dichters aus dem 17. Jahrhundert lautet:

»Wenn ich genau hinschaue,
sehe ich an der Hecke
die nazuna blühen.«[18]

Fromm ist es um den Unterschied dieser beiden Reaktionen zu tun: Der eine pflückt die Blume ab. Sein Interesse an ihr führt dazu, daß er sie tötet. Der andere hingegen läßt die Blume in der Natur stehen. Er will nicht pflücken, nicht einmal berühren. Beide Haltungen, schließt Fromm, sind heute nicht mehr möglich. Die eine würde uns, extrem ausgeübt, bald alle vernichten, die andere ist längst vergangen. Es gibt kein »Zurück« zum reinen Schauen. Fromm führt jedoch noch ein drittes Gedicht von Johann Wolfgang von Goethe an. Es entspricht in seiner Mittelstellung etwa dem, was sich Meyer-Abich an Wahrnehmung nichtindustrieller Lebensbereiche wünscht:

»Ich ging im Walde
So für mich hin,
Und nichts zu suchen,
Das war mein Sinn.
Im Schatten sah ich
Ein Blümlein stehn,
Wie Sterne leuchten,
Wie Äuglein schön.

Ich wollt es brechen,
Da sagt' es fein:
Soll ich zum Welken
Gebrochen sein?
Ich grub's mit allen
Den Würzlein aus,
Zum Garten trug ich's
Am hübschen Haus.
Und pflanzt' es wieder
Am stillen Ort;
Nun zweigt es immer
Und blüht so fort.«[19]

Goethe also trägt die Pflanze, nachdem er sie ausgegraben hat, in den Garten, damit ihre Art am Leben bleibt. Seine Liebe zum Leben ist stärker als seine intellektuelle Neugier. Er zieht zwar den Garten der Natur vor, aber er stellt die Blume nicht in die häusliche Vase. Damit steht der Garten für einen Ort, der Lebendiges inmitten von anderem Leben leben lassen will. Das ist bekanntlich ein Bekenntnis Albert Schweitzers, das er seinen Nachfahren hinterlassen hat: »Wir sind Leben inmitten von Leben, das leben will.«[20] Der Garten mit seinen Pflanzen (aber auch der Park und Wald mit seinen Tieren) beherbergt Mitgeschöpfe, die teilhaben am selben rätselhaften Strom des Lebens, der ihnen wie uns geschenkt wird. Es ist ein Leben auf Zeit. Wir sind die Gäste dieser Zeit. Aber als Gäste und Gärtner der Natur auf dieser Erde dürfen wir uns nicht länger als deren Besitzer fühlen. Darum reden Philosophen heute wieder – oder immer noch – vom Garten.

Die Gärten der Dichter

Gärten sind nicht dazu da,
daß man sie hat,
sondern dazu,
daß man träumt, man hätte sie.

Alfred Polgar

Alfred Polgar berichtet in seinen Kleinen Schriften von einer Begegnung mit seinem Freund, dem Schauspieler Hans Amerlan. Dieser Mann, so Polgar, sei mit seinem Leben im großen und ganzen ziemlich zufrieden gewesen. Er hatte keine quälenden Wünsche. Bis auf einen: Er wollte gern einen Garten besitzen, so einen, der ziemlich verwildert sein mußte, mit trockenem Ziehbrunnen in der Mitte. Amerlan wünschte sich, im Gras zu liegen und das Laub rauschen zu hören. Nach Jahren endlich hatte er den Garten: »Den Apfelbaum müssen Sie sehen! Er trägt nur Holzäpfel, aber das ist seine Sache. Er tut, was er kann.«

Nach vielen Wochen trifft Polgar seinen Freund, den nunmehr glücklichen Gartenbesitzer, wieder. Es fällt ihm auf, daß ein Schatten über seiner Stirn liegt. Irgendwie wirkt Amerlan verdrossen. Es entspinnt sich folgender Dialog:

»Was ist los«, fragt Polgar. »Verdruß mit dem Garten? Gefällt er Ihnen nicht mehr? Haben Sie ihn schon satt?«

»Nein, o nein, er ist schöner als je. Ich liebe ihn.«

»Warum sind Sie denn hier mitten in der Stadt, statt draußen? An einem Tag wie heute?«

»Hier habe ich mehr von ihm«, sagte Amerlan mürrisch und rieb sich mit dem Taschentuch die Stirn trocken: »Sie werden mich für verrückt halten, aber wenn ich so recht, mit ganzer Seele sozusagen, in meinem Garten sein will, muß ich aus ihm fortgehen. Bin ich dort ... die himmlische Ruhe, die macht mich in einer Weise unruhig, zum Aus-der-Haut-Fahren ... Für mich ist Straßenlärm, was für den Müller das Rauschen des Bachs. Hören Sie, alter Freund, worauf ich gekommen bin: Gärten sind nicht dazu da, daß man sie hat, sondern dazu, daß man träumt, man hätte sie.«[1]

Dieses träumerische Verhältnis zum Garten, dessen Realität nur stört, wenngleich nicht so deftig wie bei Amerlan, kennzeichnet das Verhältnis der moderneren Dichter seit der Jahrhundertwende zum Garten, während die neueren bereits wehmütige Abgesänge bieten.

Natürlich führt Johann Wolfgang von Goethe, wie wir schon sahen, als Gartennarr und Gartenfreund die deutschen Dichter an. Sein Roman »Wahlverwandtschaften« handelt von der Umgestaltung der Landschaft in einen Garten, wobei ihm der schöne Park des Fürsten Pückler-Muskau zum Vorbild diente.

Auch die Dichter der Epoche der Empfindsamkeit haben das Glück zu schätzen gewußt, daheim im Garten oder im Gartenhaus zu sitzen. »Bringet mich wieder nach Hause! Was hat ein Gärtner zu reisen? Ehre bringt's ihm und Glück, wenn er sein Gärtchen versorgt«[2], dichtet der aus Italien heimkehrende Goethe, denn »Weit und schön ist die Welt, doch o wie dank ich dem Himmel / Daß ein Gärtchen beschränkt, zierlich mein eigen gehört.«

Im Garten fühlt man sich der Ferne verbunden, aber durch Nähe behütet, ein Gefühl, das Eduard Mörike in seinem Cleversulzbacher Pfarrhaus in einem Brief notiert: »Ich sitze viel im Garten unter dem grünen Schirm, ein Buch vor mir, in das ich zwei Minuten hineinsehe, um alsbald wieder in meine eigenen Grillen zu verfallen . . . Gestern abend sangen zwei Mädchen: ›Regen-Regentropfen / Buben muß man klopfen / D'Maidlin muß man schonen / Wie die Zitronen.‹ Dabei donnerte es von fern, die Rosen dufteten, und durch den Hag durch schimmerten die blechernen Zierraten der Kirchhofkreuze hell herüber.«[3] Dies ist 1838, kurz vor der Revolution in Deutschland geschrieben. Die Nähe zum Idyll, die noch die Literatur des 18. Jahrhunderts beherrschte, ist deutlich. Das Kleine und Behagliche war das vollendete Paradies, in dem man seinen »Grillen« nachgehen konnte oder auch umgekehrt: Von der besseren Welt konnte es nur Miniaturen geben, eben den Garten. Aber man merkt bereits selber, daß diese bessere Welt ein privatisierter Betrug sein kann. Wehmut schleicht sich ein, wenn man an den Garten denkt, nostalgische Gefühle mischen sich dazu wie bei Joseph von Eichendorff:

»Kaiserkron und Päonien rot,
Die müssen verzaubert sein,
Denn Vater und Mutter sind lange tot,
Was blühn sie hier so allein?
Der Springbrunn plaudert noch immerfort
Von der alten schönen Zeit,
Eine Frau sitzt eingeschlafen dort,
Ihre Locken bedecken ihr Kleid.
Sie hat eine Laute in der Hand,
Als ob sie im Schlafe spricht,
Mir ist, als hätt ich sie sonst gekannt –

Still geh vorbei und weck sie nicht!
Und wenn es dunkel das Tal entlang,
Streift sie die Saiten sacht,
Da gibts einen wunderbaren Klang
Durch den Garten die ganze Nacht.«[4]

Sehnsucht zieht sich durch dies Gartengedicht, so als wenn Eichendorff inmitten beginnender Industrialisierung noch einmal ein seelisches Bedürfnis beschwöre, lautmalerisch übrigens mit der häufigen Verwendung des a-Lautes in der letzten Strophe. Heimweh drückt sich darin aus oder »Nostalgie«. Der Ausdruck stammt aus dem Griechischen. »Nostos« bedeutet Heimkehr und »algos« bedeutet Schmerz. Der alte Garten im Gedicht bei Eichendorff steht also für das schmerzliche Herbeiwünschen einer vergangenen Zeit, als »Vater« und »Mutter« noch gelebt haben. Man kann diese Sehnsucht erst empfinden, wenn man von ihnen getrennt ist. Die »Nacht« mit dem sachten Saitenklang einer Laute – eines alten Instrumentes – gebiert dies Heimweh. Psychologisch hat es etwas mit der Kindheit zu tun, wie Joseph von Eichendorff an anderer Stelle seinen Helden Fortunat sagen läßt, der sich über die »Altmodigkeit des Gartens« wundert: »Buchsbaumene Kindlichkeit! Wie es in seiner Kindheit gewesen, so soll es hier ferner verbleiben, selbst dieselben Blumen müssen jährlich an denselben Plätzen wieder gepflanzt werden, wie damals.«[5] Es ist ein merkwürdiges »Zurück«, das den Garten dieser Literatur umgibt. Hugo von Hofmannsthal, der selber ein Buch über den Garten schreiben wollte, drückt es denn aus: »Immerhin kommen wir allmählich wieder dorthin zurück, wo unsere Großväter waren oder mindestens unsere naiveren Urgroßväter: die Harmonie der Dinge zu fühlen, aus denen ein Garten zusammengesetzt ist: daß sie untereinander harmonisch sind, daß sie einander etwas zu sagen haben, daß in ihrem Miteinanderleben eine Seele ist, so wie die Worte des Gedichtes und die Farben des Bildes einander anglühen, eines das andere schwingen und leben machen. Ein alter Garten ist immer beseelt. Der seelenloseste Garten braucht nur zu verwildern, um sich zu beseelen.«[6]

Es liegt nahe, daß Hofmannsthal Gärtner und Dichter miteinander vergleicht. Gartenkunst und poetische Kunst haben miteinander zu tun: »Der Gärtner tut mit seinen Sträuchern und Stauden, was der Dichter mit den Worten tut: er stellt sie so zusammen, daß sie zugleich neu und seltsam scheinen und zugleich auch wie zum erstenmal ganz sich selbst bedeuten, sich auf sich selbst besinnen.«[7]

Bei aller Rückwärtssehnsucht sieht jedoch Hofmannsthal genau, daß nicht jeder einen alten Garten bei seinem Haus haben kann und daß man alte Gärten nicht kopieren kann. Also muß man, so fordert er, neue Gärten anlegen, denn sie sind recht eigentlich die »Chiffren der Zeit«, die sie zurückläßt für die Zeiten, die nach ihr kommen. Er wird denn auch nicht müde, diesen neuen Garten zu beschreiben. Er glaubt also an die Zukunft der Gärten, wenngleich sein Ton etwas Beschwörendes hat, als ob der Dichter wüßte, wie utopisch seine Prognosen sein könnten: »Es werden Gärten sein, in denen die Luft und der freigelassene Raum eine größere Rolle spielen wird als in irgendwelchen früheren Zeiten. Nichts wird ihre ganze Atmosphäre so stark bestimmen als die überall fühlbare Angst vor Überladung, eine vibrierende, nie einschlafende Zurückhaltung und eine schrankenlose Andacht zum Einzelnen ... Eine nie aussetzende respektvolle Liebe für das Einzelne wird immer das Besondere an diesem Garten sein.«[8] Man spürt bereits: Die Expressionisten fürchten um den Garten, der unter der Last der vielen Steine in den Städten und im Qualm der Fabrikschornsteine unterzugehen droht. Deswegen fordern sie dazu auf, »in den totgesagten park« (Stefan George) zu kommen. Abschiedsstimmung beherrscht diese Gedichte, wenn es zum Beispiel bei George heißt:

> »Vergiß auch diese letzten astern nicht
> Den purpur um die ranken wilder reben
> Und auch was übrig blieb vom grünen leben
> Verwinde leicht im herbstlichen gesicht.«[9]

Es ist herbstliche Jahreszeit. Die Abschiedsstunde wird dadurch nur noch unterstrichen, denn schließlich sind es die »letzten astern«, und nur noch wenig »blieb vom grünen leben«. Die alten Gärten und Parks sind totgesagt, aber noch gibt es eine Frist, noch kann man ihre Stimmung spüren, noch ranken »wilde reben«. Aber der beschwörende Imperativ Georges macht, daß man spürt: Die Zeit drängt.

Vorerst finden wir die Dichter jedoch noch in den Gärten, und wenn es nur, wie auf dem Bild von Heinrich Vogeler, ein in den Garten verlegter Salon war, in dem die Maler und Dichter wie Rilke mit den gebildeten Damen musizierten oder diskutierten nahe der Kaufmannstadt Bremen, aber immerhin in Worpsweder Landschaftsumgebung.

Ganz anders und schneidend scharf meldet sich 1912 der bis dahin völlig unbekannte Arzt Gottfried Benn zu Wort. Er weiß, »es gibt kein Zurück. Keine Anrufung Ischtars, kein Retournons à la Grand-mère, keine Beschwörung der Mutter Eiche... Wo Mensch im Naturzustand vorhanden, hat er paläontologischen und musealen Charakter. Sein Ziel, mag sein nur sein Übergang, jedenfalls sein existentieller Auftrag, lautet nicht mehr natürliche Natur, sondern bearbeitete Natur, gedankliche Natur, stilisierte Natur – Kunst.«[10] Auch der Garten ist bearbeitete Natur. Aber der Garten des Dr. Benn sieht zunächst recht furchtbar aus. So, wenn er in seinem Gedichtzyklus »Morgue« eine kleine Aster in einem »ersoffenen Bierfahrer« entdeckt, der als Leiche auf seinem Arzttisch zu liegen kommt. Die Schlußverse, nachdem Benn die Aster aus dem toten Bierfahrer herausgeholt hat, lauten: »Trink dich satt in deiner Vase / Ruhe sanft, / kleine Aster.«[11] Natürlich schlägt sich in diesen frühen Gedichten der »Morgue« (für den Titel hat Benn den Namen des Pariser Leichenschauhauses gewählt) etwas von dem Schauder nieder, der viele Medizinstudenten im Anatomiesaal packt, aber man darf diese Gedichte nicht nur von ihrer biographischen Komponente her verstehen. Der Seziersaal als Ort einer Blume: Besser kann man nicht beschreiben, wohin es mit Pflanzen und Garten gekommen ist. Gleichwohl bleibt Benn – bei aller Kälte des Sezierens – doch seinem Thema treu, so, als habe der Garten mit seinen Astern und anderen Blumen ihn doch fasziniert, trotz der steineren Umgebung der Berliner Großstadt. Denn gut vierzig Jahre später, 1950, hören wir, wie seine Frau Ilse »nun mit zarter und kluger Hand in den Vasen die Astern ordnet«. Blumennamen gehören zu Benns Lyrik, und man sagt, daß auf seinem Schreibtisch Gartenkataloge gelegen haben, an deren Namen er Freude empfand. Er arbeitete sie in seine Lyrik ein. Wahrscheinlich gilt für diesen Dichter, daß der Schreibende einer Erinnerung nachhing, wenn ihm

Blumen wie diese Astern begegneten. Einem autobiographischen Hinweis verdanken wir die Bestätigung dieser Vermutung. Der Pfarrerssohn Benn erzählt vom Dorf Sellin, wo er seine Kindheit verbrachte und das auch »heute noch meine Heimat« (1934) ist, daß es dort, »drei Stunden östlich der Oder«, einen großen Garten gegeben habe: »Dort wuchs ich mit den Dorfjungen auf... fuhr auf den Erntewagen durch die Felder, auf die Wiesen zum Heuen... Unendlich blühte der Flieder, die Akazien, der Faulbaum.«[12] Diese fast idyllische Schilderung verwundert bei einem Dichter, der von seiner Mutter zu hören bekam, wenn er sommers bei ihr im Garten Kaffee trank: »Du wirst mit deiner schaurigen Begriffswelt unser Levkoienbeet vernichten.« In seinen 327 Gedichten der Gesammelten Werke finden sich 634 verschiedene Namen für Blumen, Bäume und Gärten, wobei die Rose das größte Vergnügen bereitet haben muß. Rosen und Gärten waren für Benn Anlässe, sich seiner Jugend zu erinnern. Aber sie hatten noch eine andere Aufgabe. Sie ersetzten ihm, dem eher scheuen Mann, die Gesellschaft nichtssagender Menschen. Sie wurden zu einer Oase, wo man sich erholen konnte:

»Gärten und Nächte, trunken
von Tau und alter Flut,
ach, wieder eingesunken
dem bilderlosen Blut,
aus Wassern und aus Weiden
ein Atem, glutbewohnt,
verdrängt das Nichts, das Leiden
vom letzten, leeren Mond.

Ach, hinter Rosenblättern
versinken die Wüsten, die Welt,
laß sie den Rächern, den Rettern,
laß sie dem Held,
laß sie dem Siegfried, dem Hagen,
denke: ein Lindenblatt
das Drachenblut geschlagen
und die Wunde gegeben hat.

Nacht von der Schwärze der Pinien,
hoch von Planeten porös,

tief von Phlox und Glyzinien
libidinös,
hüftig schwärmen die Horen,
raffen die Blüte, das Kraut
und verschütten mit Floren
Herkules' Löwenhaut.

Sinkend an die, an beide,
ihr feuchtes Urgesicht,
ein Wasser und eine Weide,
du schauerst nicht –
mit Menschen nichts zu sagen
und Haus und Handeln leer,
doch Gärten und Nächte tragen
ein altes Bild dir her.«[13]

Auch hier taucht wieder die Verbindung von Garten und Nacht auf, keine zufällige. Denn umhüllend wie die mütterliche Nacht erfahren Dichter die Gärten. Daß der Garten einst der große mütterliche Bereich gewesen ist, klingt auch in den Gedichten nach. Wer, wie die Dichter, auf die Einfälle aus jenem Bereich angewiesen ist, der nicht auf der Verstandesseite liegt, muß einfach auf den gärtnerischen Bereich kommen, denn Dichtung ist selber ein Versuch, chaotische und wildwachsende Erlebnisse in Form zu bringen, das heißt: sie gärtnerisch zu ordnen. Aber wir sahen auch, daß eine gewisse Wehmut nicht zu übersehen ist.

Im allgemeinen sind die Autoren selber keine intensiven Gartenarbeiter. Hermann Hesse zum Beispiel hielt sich einen Gärtner fürs Grobe. Er machte die Feinarbeit, bei der er sinnieren konnte. Es existiert ein Photo von ihm, auf dem man ihn zierlich die wilden Triebe seiner Tomatenzucht schneiden sieht: »Mit einem kleinen Botanikbuch in Ruhe mich unter diese lieben Blumen zu setzen und zu studieren, das ist ein Entschluß von mir«, meint Hesse, »ähnlich wie der Vorsatz, später einmal still in einem kleinen Garten zu leben, Gemüse zu bauen und nie mehr über meinen Gartenzaun hinweg zu denken. Sie sind schön, diese Vorsätze, und machen uns Freude, aber um sie einzuhalten, ist das Leben, wie es scheint, zu kurz.«[14]

Über diese doppelte Seite, die Sehnsucht und die Wehmut,

hat Rudolf Borchardt schließlich nachgedacht. Zwischen 1906 und 1942 hat er in Italien mindestens acht gemietete Villen mit Park und Garten bewohnt. Borchardt plädierte für einen Garten, der der Ordnung der menschlichen Seele verwandt sein sollte: »Mit der Kündigung des Gartengastrechts und dem Auszuge in die aus Acker und Kindbett bestehende Welt beginnt das normale Dasein seine unabsehbare Kette von weiteren Vertreibungen aus immer wieder neuen Gärten«, interpretiert Borchardt die Paradiesgeschichte. Die Geschichte wird für ihn zu einer Geschichte der Vertreibungen aus den jeweiligen Gärten, denn der Garten ist eine »Ordnung der menschlichen Seele«[15]. Der letzte Kampf zwischen Schöpfer und Kreatur in dieser unsterblichen Seele geht, wie Borchardt nicht müde wird zu betonen, nicht in einer Kammer, sondern in einem Garten. Dies Gehege wird ihm zur großen »Methapher, in der die menschliche Seele selber ein Garten ist«[16]. Blume, Blatt und Ranke des Gartens sind »Ordnungswunder«, während der Mensch eine Unordnung ist, die aus der Ordnung kommt und zur Ordnung verlangt. Der Garten mit seinen Blumen ist ein Bild der Polarität zwischen Vergänglichkeit der Kreatur und ihrer Wiedergeburt: »Nicht daß die Blume lebt, macht sie zum Kerne des menschlichen Sprachgleichnisses, ... sondern daß sie noch da ist und bald nicht mehr, und dann aber von neuem.«[17] Freilich, wenn Borchardt wieder einmal kein Geld mehr hatte, dann mußte er auf Vortragsreise gehen, und dann siechten seine Saaten dahin.

Um sich nicht in solcher Gartenutopie zu verlieren oder um sich nicht in Naturlyrik zurückzuziehen wie viele seiner zeitgenössischen Dichterkollegen während der Nazizeit, hat Bertolt Brecht den Skrupel entdeckt und den Zusammenhang zwischen Politik und Garten. Diese Verbindung hatte zwar de facto schon immer bestanden, wenn man an die Parks denkt, die feudale Herrscher in Frankreich oder in Preußen angelegt haben. Aber Brecht meint etwas anderes:

»In mir streiten sich
Die Begeisterung über den blühenden Apfelbaum
Und das Entsetzen über die Reden des Anstreichers.
Aber nur das zweite
Drängt mich zum Schreibtisch.«[18]

Es sind schlechte Zeiten für Lyrik. Motive, um ein Gedicht zu schreiben, sind im Entsetzen, nicht jedoch in der Begeisterung zu suchen. Hitlers, des Anstreichers, Reden verhindern, daß der Apfelbaum gepriesen wird. Selbst der Reim im Gedicht hat keine Chance angesichts des Entsetzens: »In meinem Lied ein Reim / Käme mir fast vor wie Übermut.«[19] Es sind finstere Zeiten, wie Brecht die Nachgeborenen wissen läßt, wo jedes arglose Wort töricht wäre, jede glatte Stirn Unempfindlichkeit, jedes Lachen Ahnungslosigkeit:

»Was sind das für Zeiten, wo
Ein Gespräch über Bäume fast ein Verbrechen ist,
Weil es ein Schweigen über so viele Untaten einschließt!«[20]

Doch ist es bei dem Skrupel nicht geblieben. Brecht hat nach dem Krieg einige Gartengedichte verfaßt, wovon mindestens das aus den Buckower Elegien in leichter Resignation angesichts der Ereignisse des 17. Juni 1953 geschrieben ist. Dieser Tag, so Brecht, habe die ganze Existenz verfremdet. Er will nun, den Blumen gleich, als Dichter »in den verschiedenen Wettern, guten, schlechten / Dies oder jenes Angenehme zeigen«[21]. Brecht hatte sich 1952 in der Märkischen Schweiz auf einem schönen Grundstück am Wasser des Scharmützelsees unter alten großen Bäumen ein Haus erworben:

»Am See, tief zwischen Tann und Silberpappel
Beschirmt von Mauer und Gesträuch ein Garten
So weise angelegt mit monatlichen Blumen
Daß er vom März bis zum Oktober blüht.«[22]

Wenn Brecht seine Arbeit mit diesem zyklischen Blühen vergleicht, dann kündigt sich hier, unterstützt durch die altertümliche Sprache – »Zwischen Tann und Silberpappel«–, eine Ergänzung seines während des Krieges ausgesprochenen Verdiktes an: Man darf wieder über den Garten sprechen, nicht nur, weil die Zeiten besser geworden sind. Das sind sie unter Umständen gar nicht, sondern weil der älter gewordene Brecht die Erlaubnis gibt, sich in den Blumen und im Garten selber wieder zu erkennen. Er verbindet den Garten, dieses archetypische Symbol, mit den Inhalten seiner persönlichen Arbeit und seines persönlichen Lebens. Die Befürchtung, es handle sich hier um einen altersbedingten Rückzug in Individualismus oder gar Spiritualismus, kann im selben Atemzug widerlegt werden. Denn nur der einzelne, der in sich selbst das Archetypische erkannt und anerkannt hat, kann Teil, Träger und Kritiker einer ganzen Gesellschaft werden. Darin läge dann der Berührungspunkt von Garten und Politik. Brecht hat weitere Gedichte über den Garten nicht gescheut. So macht er sich Gedanken über das Sprengen des Gartens:

> »O Sprengen des Gartens, das Grün zu ermutigen!
> Wässern der durstigen Bäume! Gib mehr als genug. Und
> Vergiß nicht das Strauchwerk, auch
> Das beerenlose nicht, das ermattete
> Geizige! Und übersieh mir nicht
> Zwischen den Blumen das Unkraut, das auch
> Durst hat. Noch gieße nur
> Den frischen Rasen oder den versengten nur:
> Auch den nackten Boden erfrische du.«[23]

Dies ist denn doch wieder Gartenlyrik. Sie gibt sogar dem scheinbar Nutzlosen Sinn. Der nackte Boden und das »Unkraut« sollen auch Wasser bekommen. Hier, so erkennt man jetzt, werden schon die Vorbereitungen geschaffen für Gedichte der Gegenwart, die die Zerstörung und Vergiftung der Landschaft, der Wälder, Seen, Flüsse, Äcker und Gärten nicht nur beklagen, sondern zugleich protestierend für den Garten und seine Kultur Partei nehmen. Man vergleicht jetzt plötzlich sehr bewußt die Industrielandschaft mit dem Obstgarten oder dem Weinberg. Die Technik nämlich spendet nichts, sie organisiert den Bedarf. Ein blühender Garten jedoch erheitert, nicht wegen des Nutzens, den er abwirft, sondern weil er »in uns ein Gefühl der Fruchtbarkeit, des Überflusses und des zwecklosen Reichtums«[24] hervorruft, meint Friedrich Georg Jünger. Die Industrielandschaft hat ihre Fruchtbarkeit verloren. Sie ist Sitz mechanischer Produktion. Man bekomme das Gefühl von Hunger, vor allem in den Industriestädten, in denen nach der metaphorischen Sprache des technischen Fortschrittes eine »blühende« Industrie zu Hause ist. Das klingt bei Jünger kulturkritisch und klagend, auch ein wenig ironisch-achselzuckend. Jünger erweist sich einmal mehr als unorthodoxer, freilich doch jugendbewegter Beobachter der Garten- und Naturzerstörung. Noch konnte der Stadtbewohner den Widrigkeiten eines tristen Alltags den Rücken kehren. Dessen unerbittliche Konsequenzen jedoch bleiben ihm auf den Fersen. Sie folgen ihm bis in den Garten, draußen auf dem Land. Wohin die Flucht auch geht, früher oder später holen den Garten und seinen Flüchtling die Verwüstungen des zivilisatorischen Fortschrittes ein. Auch wenn die Gärtner inzwischen bis in die Toskana reisen, die – nach einer sinnigen Feststellung Theodor W. Adornos – immer noch schöner ist als die Umgebung von Gelsenkirchen. Aber ein organisierter Tourismus sorgt dafür, beide Gegenden so lange mit anderen Augen zu sehen, bis sie den gleichen Anblick bieten: »Auf seinen Reisen nach Nirgendwo erwartet den Feriengast die suburbane Tristesse heute auch an ehemals glücklichen Küsten des Lichts.«[25]

Verlagerung der Gärten und Refugien und Kompensation der Schäden bis an die Grenzen der erschöpfbaren Gartenlandschaft sind kein Ausweg aus dem Dilemma. Darum sprechen die meisten Gedichte der Jahrhundertwende, darum sprechen aber auch noch Brecht und Benn in der entbehrungsreichen Sprache der Erinnerung. Es sind mit Wehmut gemischte Rückblicke auf vergangene Lust immergrünender Gärten. Konnte Erich Kästner noch von der durch Pflastertreten krumm gewordenen Seele dichten, sie verlange danach, »mit den Bäumen wie mit Brüdern« zu reden, um gesund zu werden, so erweist sich eine Generation später, bei Günter Kunert, dieser Ausweg selber als Illusion. Erich Kästners Gedicht lautete in der zweiten Strophe:

»Man flieht aus den Büros und den Fabriken.
Wohin, ist gleich! Die Erde ist ja rund!
Dort, wo die Gräser wie Bekannte nicken
und wo die Spinnen seidne Strümpfe stricken,
wird man gesund!«[26]

Dieser Hoffnung Kästners, der vielleicht auch eine konkrete Erfahrung korrespondiert, kann Günter Kunert nur noch ironisch begegnen:

»Auf der Flucht
vor dem Beton
geht es zu

wie im Märchen: Wo du
auch ankommst
er erwartet dich
grau und gründlich
Auf der Flucht findest du
vielleicht
einen grünen Fleck
am Ende
und stürzest selig
in die Halme
aus gefärbtem Glas«[27]

Die kleinen Fluchten sind als solche erkannt. Es gibt kein
»Zurück« mehr in den Garten, der die Seele gesund machen
könnte, weil die seidenen Strümpfe der Spinnen sich nicht
mehr an den Grashalmen festmachen können. Märchenhaft,
meint Kunert, ist der neue Zustand, eine endgültige Vertreibung aus dem Paradies; märchenhaft freilich im alptraumhaf-
ten Sinn: Wohin man auch kommt als »Hase« Mensch, der
»Igel« Beton ist immer schon da. Sollte einmal das gequälte
Auge auf einem grünen Fleck ausruhen, dann erweist sich das
selige Hineinstürzen in die vermeintlichen Grashalme als Täuschung: Statt Gras nur Glas; ähnlich im Klang und im Aussehen, aber Gras und Glas fühlen sich auf der Haut dessen, der
sich hineinstürzt, sehr verschieden an.

Ist also der Garten tot? Ist der religiöse Aussagewert des Wortes »Paradies« seinem Gegenbild gewichen, das, nicht minder
religiös, faszinierende Schreckenskraft bekommt: Hölle?

Albert Camus hat sich dieser Frage in fast allen seinen
Werken gestellt. In seiner Rede meinte er 1957 in Uppsala,
daß es im Zirkus der menschlichen Geschichte schon immer
Märtyrer und Löwen gegeben habe. Die Märtyrer lebten vom
Bild des Paradieses und von dessen Tröstungen, während die
Löwen sich »von schön blutigem historischen Fleisch« ernährt
hätten. Der Künstler habe bisher auf der Zuschauerbank geses-
sen. Er saß dort und sang oder dichtete für sich selber oder im
besten Fall, um die Märtyrer zu ermutigen und die Löwen ein
wenig von ihrem Heißhunger abzulenken. Doch mit dieser
Zuschauerrolle, meint Camus, ist es vorbei: »Jetzt dagegen
befindet sich der Künstler in der Arena.«[28]

Der Garten ist in höchster Gefahr, die Löwen stehen vor den Gartentoren, zum Teil sind sie schon in den Garten eingedrungen. Darum dichtet Hans Magnus Enzensberger in seinem Gedicht »fremder garten«:

> »es ist heiß. das gift kocht in den tomaten.
> hinter den gärten rollen versäumte züge vorbei,
> das verbotene schiff heult hinter den türmen
> angewurzelt unter den ulmen. wo soll ich euch hintun,
> füße? meine augen, an welches ufer euch setzen?
> um mein land, doch wo ist es? bin ich betrogen
> die signale verdorren. das schiff speit öl in den hafen
> und wendet. ruß, ein fettes rieselndes tuch
> deckt den garten. mittag, und keine grille«[29]

Noch ist der Garten nicht tot, aber der Ruß des Öl speienden Schiffes bedeckt seinen Grund. Der Garten existiert in der Zeit. Aber das Leben und Sterben in ihm, das sagt dies Gedicht, geschieht nicht nur natürlich im Lauf der Jahreszeiten. Der Mensch, der das Rußschiff steuert, hat Schuld daran, daß der Garten stirbt und daß eine paradiesisch gedachte Kultur zu Ende geht. Auge und Füße haben keinen trauten Ort mehr, wo sie verweilen könnten. Der große Betrug liegt darin, daß Mensch und Garten gegeneinander gearbeitet haben, wie ja schon die Urgeschichte der Genesis andeutete.

Der sterbende Garten, der Ort ohne Grille, was soll aus ihm werden? Zwei Möglichkeiten gibt es für den Gärtner. Beide werden in der gegenwärtigen Lyrik genannt. Einmal: Man erhebt seine Stimme zum Protest. Zum anderen: Man schaut sich diesen sterbenden Garten an. Er wird – beim Anschauen – zum Medium der Selbsterfahrung. Er, der bisher alles verwandelnde Bereich, vermöchte vielleicht selbst jenen zu rühren oder zu wandeln, der ihn so zerstört hat. Aber zunächst der Protest:

> »Die Heckenstutzer
> und Grasabschneider
> die Unkrautvertilger
> und Bäumefäller
> die Mörder – die Mörder
> hausten in den Gärten.

Die Blätterschleppen: die Wiesenblumen
die Kräuterbestände
und Laubtürme
getötet – getötet
starben in den Gärten.
Da brach sie aus, die Revolte der Gärten
Sie wuchsen und wuchsen und blühten sich wild.
Sie verschlangen Haus um Haus: während sie sich
ungestüm vermehrten
und wuchsen und wuchsen und blühten sich wild
sie begruben die Städte als Raub
unter Blätterbächen
und wuchsen und wuchsen und blühten sich wild
eine Sturzflut von Gras und Laub
so brachen sie herein, um sich zu rächen
und wuchsen und wuchsen und blühten sich wild.
Die Heckenstutzer
und Grasabschneider
die Unkrautvertilger
und Bäumefäller
die Mörder – die Mörder
flohen aus den Gärten.
Die Blätterschleppen
die Wiesenblumen
die Kräuterbestände
und Laubtürme
die Kraft vieler Sommer
siegte in den Gärten.«[30]

Wenn Erika Pluhar dies singt, dann wird ihre Stimme am
Ende immer lauter: Der Garten sorgt selbst für die Vertreibung seiner Zerstörer. Eine Rache der großen Mutter Natur
bereitet sich vor, deren Flut nicht mehr aufzuhalten ist.
Freilich nennt die Autorin ihren Song ein Märchen. Aber es ist
doch deutlich, daß die Welt durch Unkrautvertilgen und Hek-
kenstutzen nicht mehr zum Garten werden kann, wie man
meinte. Es muß der Kontakt zur Wildnis bleiben, sonst
kommt die Wildnis selber – unkontrolliert, wie bei Hans-
Jürgen Heise:

»Gestern haben wir
die letzten Wölfe geschossen
Jetzt
ist die Wildnis für immer besiegt:
Apfelbäume Rasen
die Welt wird zum Garten
Denken wir
Unterm Haus
nisten sich Feldmäuse ein
Vorboten
einer neuen Steppe«[31]

Solche Bilder machen Angst. Aber es wäre notwendig, sich zu verdeutlichen, daß nicht dies Gedicht die Angst erzeugt. Es entsteht ja aus einer ersten Verarbeitung der Angst. Es gibt dem ahnungsvollen Gespür eine Form oder ein Gesicht. Jetzt können wir die Welt, die – ohne Menschen – zur Steppe wird, anschauen und uns selber damit konfrontieren. Das Gedicht also alarmiert. Es könnte auch lähmen. Aber es will ebenso aufschrecken, damit man eine plötzlich einsetzende Liebe zu diesem gefährdeten Garten verspürt, der ein Abbild seines Gärtners geblieben ist. Der Garten wird unendlich kostbar, wie ja alles Lebendige unendlich kostbar wird, wenn die gefährdende Macht des Todes auftaucht. Man achtet nun viel dankbarer auf den Baum, dessen Laub noch gesund ist, und man freut sich über die Kornblumen, die noch nicht vom Gift der sprühenden Hubschrauber berührt worden sind. Es entsteht eine schmerzlich liebende Verbundenheit mit allem, was lebt, wie eingangs auf dem Friedhofsgarten.

Vielleicht können wir den Garten und damit die Erde und uns selbst nur dann erhalten, pflegen und bewahren, wenn wir ganz nah spürten, was wir mit ihnen verlören. Erst dann, wenn Kälte und Schnee überhand zu nehmen drohen, könnte man jenen Garten entdecken, der einstmals gemeint war und den Enzensberger heute als Kirschgarten im Schnee entdeckt:

»was einst baum war, stock, hecke, zaun:
unter gehn in der leeren schneeluft
diese winzigen spuren von tusche
wie ein wort auf der seite riesigem weiß:
weiß zeichnet dies geringfügig schöne geäst

in den weißen himmel sich, zartfingrig,
fast ohne andenken, fast nur noch frost,
kaum mehr zeitheimisch, kaum noch
oben und unten, unsichtig
die linie zwischen himmel und hügel
sehr wenig weiß im weißen:
fast nichts –
und doch ist da,
eh die seite, der ort, die minute
ganz weiß wird,
noch dies getümmel geringer farben
im kaum mehr deutlichen deutlich:
eine streitschar erbitterter tüpfel:
zink-, blei-, kreideweiß,
gips, milch, schlohweiß und schimmel:
jedes von jedem distinkt:
so vielstimmig, so genau
in hellen gesprenkelten haufen,
der todesjubel der spuren
zwischen fast nichts und nichts
wehrt sich und blüht weiß die kirsche«[32]

Anmerkungen

Vom Tod zum Leben

1 1. Mose 2,15
2 Theol. Wörterbuch
3 Maria Höfner, in: Geese/Höfner/Rudolph: Die Religionen Altsyriens, Altarabiens und der Mandäer, Stuttgart 1970, S. 360
4 Mircea Eliade, Das Heilige und das Profane. Vom Wesen des Religiösen, Frankfurt 1984, S. 23
5 Deutsches Wörterbuch von Jacob und Wilhelm Grimm, Leipzig 1978, Sp. 1396
6 Grimm, ebenda
7 Grimm, ebenda, Sp. 1391
8 Eliade, a.a.O., S. 23–58
9 Grimm, a.a.O., Sp. 1396
10 Grimm, ebenda
11 Grimm, ebenda
12 Grimm, a.a.O., Sp. 1397
13 Zur anthropomorphen Gartengestalt: Wolf-Dieter Storl, Der Garten als Mikrokosmos, Freiburg 1982
14 Der Koran, übersetzt von Rudi Paret, Stuttgart 1979, 18. Sure, S. 205
15 Friedrich Schnack, Traum vom Paradies. Eine Kulturgeschichte des Gartens, Hamburg 1962, S. 25
16 Marie-Louise von Franz, Traum und Tod, München 1984, S. 63 f.

Die Gärten der Götter

1 Eugen Drewermann, Tiefenpsychologie und Exegese, Bd. 2, Olten 1985, S. 599
2 1. Mose 8,22
3 vgl. bei Eugen Drewermann, a.a.O., S. 601
4 Text bei H. Gunkel, Schöpfung und Chaos, Göttingen 1920, S. 420 ff.
5 H. Gunkel, a.a.O.
6 Drewermann, a.a.O., S. 605
7 Mircea Eliade, Geschichte der religiösen Ideen, Bd. 1, Freiburg 1978, S. 81
8 M. Eliade, a.a.O.
9 M. Eliade, S. 83
10 Friedrich Schnack, a.a.O., S. 22
11 A. Champdor, Das ägyptische Totenbuch in Bild und Deutung, Bern – München – Wien 1977, S. 147
12 A. Champdor, S. 106
13 E. Drewermann, S. 514
14 James Georg Frazer, Der goldene Zweig, Abgekürzte Ausgabe, Leipzig 1928, S. 497 f.
15 Drewermann, S. 519
16 Johannes 12,34

17 G. van der Leeuw, Phänomenologie der Religion, Tübingen 1956[2], S. 359
18 Verena Kast, Der Teufel mit den drei goldenen Haaren, Zürich 1984, S. 76
19 Antike Geisteswelt II (Hrsg. Walter Rüegg), München 1967, S. 86
20 Robert von Ranke-Graves, Griechische Mythologie, Reinbek 1984, S. 30
21 Karl Kerényi, Auf den Spuren des Mythos, München 1967, S. 267
22 Homer, Odyssee IV, S. 56ff.
23 v. d. Leeuw, S. 370
24 v. Ranke-Graves, S. 20
25 v. d. Leeuw, S. 361
26 v. Ranke-Graves, S. 469f.
27 Frank Borkenau, Ende und Anfang, Stuttgart 1984, S. 140
28 Hildegunde Wöller, Der Patriarch ist nicht der einzige, Orientierung 1/ 1986, S. 22
29 Borkenau, S. 143f.
30 Koran, 55. Sure
31 Metamorphosen, 1,85ff.
32 Bruno Snell, Arkadien, die Entdeckung einer geistigen Landschaft, in: Antike und Abendland, Hamburg 1945, S. 32
33 vgl. dazu C. G. Jung und K. Kerényi, Das göttliche Kind, Pantheon Akademische Verlagsanstalt, ohne Ort 1940, besonders S. 120; ebenso Paul Schwarzenau, Das göttliche Kind, Stuttgart 1984; Angela Waiblinger, Große Mutter und göttliches Kind, Stuttgart 1986
34 Mario Jacobi, Sehnsucht nach dem Paradies, Fellbach 1980, S. 15
35 Jacobi, ebenda

Der Garten Eden

1 Claus Westermann, Genesis 1–11, Biblischer Kommentar, AT I 1, Neukirchen 1966–1974, S. 63
2 vgl. dazu Theodor Seifert, Weltentstehung. Die Kraft von tausend Feuern, Stuttgart 1986, S. 29ff.
3 Ernst Haag, Der Mensch am Anfang, Trier 1970, S. 17
4 Eugen Drewermann, Strukturen des Bösen, Bd. 1, Paderborn 1984[5], S. 11
5 Karl Barth, Kirchliche Dogmatik, Bd. 3,1, Zürich 1957, S. 287
6 C. G. Jung, Über die Archetypen des kollektiven Unbewußten, GW IX, 1, S. 44
7 E. Drewermann, Strukturen des Bösen, Bd. 2, Paderborn 1985[5], S. 25
8 C. G. Jung, Symbole der Wandlung, GW V, S. 295
9 E. Drewermann, Strukturen . . ., Bd. 2, S. 28
10 vgl. dazu und zum Folgenden ausführlich die Darstellung bei E. Drewermann, Strukturen . . ., Bd. 2, S. 30ff.
11 Karl Barth, a.a.O., S. 290
12 1. Mose 2,15
13 Phyllis Trible, zitiert bei Dorothee Sölle, lieben und arbeiten, Stuttgart 1985, S. 97
14 Claus Westermann, a.a.O., S. 289–291
15 sehr plausibel E. Drewermann, Strukturen . . ., Bd. 1, S. 48ff.
16 Mircea Eliade, Schamanismus und archaische Ekstasetechnik, Frankfurt 1975, S. 260f.

17 dazu Alfred Jeremias, Das Alte Testament im Lichte des alten Orientes, Leipzig 1916[3], S. 75
18 E. Drewermann, Strukturen..., Bd. 2, S. 63
19 Ernst Haag, Der Mensch..., S. 41
20 1. Mose 3,16
21 Jürgen Ebach, Liebe und Paradies, Anstöße. Aus der Arbeit der Ev. Akademie Hofgeismar 2/1983, S. 56
22 Ebach, ebenda
23 Referiert bei E. Drewermann, Strukturen..., Bd. 3, Paderborn 1983[4], S. 118 ff.
24 1. Mose 3,16
25 Hildegunde Wöller, Der Patriarch ist nicht der einzige. In: Orientierung. Nachrichten aus der Evangelischen Akademie Nordelbien 1/86, S. 21
26 D. Sölle, a.a.O., S. 171
27 vgl. zu diesem Gespräch die psychologisch feinsinnige Interpretation von E. Drewermann, Strukturen..., Bd. 1, S. 54 ff.
28 1. Mose 2,16 b.17
29 Ernst Bloch, Das Prinzip Hoffnung, Band 3, Frankfurt 1973, S. 1498
30 E. Drewermann, ebenda, S. 59
31 E. Drewermann, ebenda, S. 63
32 Hesekiel 36,35
33 Jürgen Ebach, a.a.O., S. 59
34 Heinrich v. Kleist, Über das Marionettentheater, Sämtl. Werke, München 1951, S. 885

Die Gärten der Liebe

1 Gerda Weiler, Ich verwerfe im Lande die Kriege, München 1985
2 darauf besteht vor allem H. Gollwitzer, Das hohe Lied der Liebe, München 1978, S. 23
3 E. Drewermann, Tiefenpsychologie und Exegese, Bd. 1, Olten 1984, S. 138 f.
4 Hartmut Schmökel, Heilige Hochzeit und Hoheslied, Wiesbaden 1956
5 Hohes Lied 8,13
6 Hohes Lied 6,10
7 vgl. dazu Erich Neumann, Ursprungsgeschichte des Bewußtseins, München 1974[2]
8 Hohes Lied 1,5
9 Verena Kast, Paare, Stuttgart 1984
10 Herbert Haag/Katharina Elliger, Wenn er mich doch küßte, Tübingen (ohne Datum), S. 86
11 Erich Neumann, Ursprungsgeschichte, S. 57
12 Gilgamesch Tafel 6, zitiert bei E. Neumann, S. 61
13 Hohes Lied 6,2
14 Hohes Lied 6,11.12
15 Peter Schellenbaum, Das Nein in der Liebe, Stuttgart 1984
16 vgl. dazu Hans Peter Duerr, Traumzeit. Über die Grenzen zwischen Wildnis und Zivilisation, Frankfurt 1983
17 zitiert bei Krüger/Lorenzen, Deutsche Redensarten, München 1982, S. 469

18 E. Neumann, S. 307
19 Hohes Lied 3,1–2
20 Hohes Lied 5,7
21 Hohes Lied 3,4
22 James Georg Frazer, Der Goldene Zweig, Leipzig 1928, S. 475
23 Hohes Lied 8,5–7
24 Erich Neumann, Die große Mutter, Olten – Freiburg 1983[6], S. 46f.
25 Hohes Lied 4,12–5,1
26 Helmut Barz, Männersache. Kritischer Beifall für den Feminismus, Stuttgart 1984, S. 66ff.
27 H. Barz, ebenda
28 E. Drewermann, Tiefenpsychologie, Bd. 1, S. 225
29 H. Barz, a.a.O., S. 44
30 D. Sölle, a.a.O., S. 194
31 C. G. Jung, Erinnerungen, Träume, Gedanken, Olten 1971, S. 356
32 Friedrich Nietzsche, Also sprach Zarathustra, München 1967, S. 80
33 Pjotr Hendrix, Garten und Morgen als Ort und Zeit, in: Eranos Jahrbuch 1963, Zürich 1964, S. 157

Die Gärten der Evangelien

1 Luise Rinser, Winterfrühling, Frankfurt 1982, S. 79
2 Matthäus 26,38–41; vgl. dazu die Parallelen in Markus 14,32–42; Lukas 22,40–46
3 Alfred Jeremias, a.a.O., S. 137
4 Mircea Eliade, Geschichte der religiösen Ideen, Bd. 2, Freiburg 1976, S. 281f.
5 Lothar Steiger, Erzählter Glaube, Gütersloh 1978, S. 178
6 Johannes 19,14
7 Marie Louise von Franz, Traum und Tod, München 1984
8 M. L. v. Franz, ebenda, S. 128
9 M. L. v. Franz, ebenda, S. 129
10 Hennecke-Schneemelcher, Neutestamentliche Apokryphen, Bd. 1, Tübingen 1959, S. 180
11 Johannes 13,30
12 Mit Rudolf Bultmann betrachte ich die Verse 20,2–10 als einen Einschub, der für die Gartentradition ohne Belang ist. Psychologisch allerdings handelt es sich bei diesem Jüngerwettlauf um eine Sekundärassoziation, die durchaus mit der Geschichte von Maria aus Magdala zu tun hat.
13 Ingrid Riedel, Farben, Stuttgart 1983, S. 179f.
14 Johannes 20,15
15 Pjotr Hendrix, a.a.O., S. 147–171
16 Johannes 2,1–11
17 Pjotr Hendrix, a.a.O.
18 M. L. v. Franz, a.a.O., S. 148f.
19 C. G. Jung, Erinnerungen, Träume, Gedanken, Olten 1971, S. 324
20 E. Drewermann, Strukturen..., Bd. 3, S. 533

Die Gärten des Labyrinths

1 Elisabeth Motschmann, Welt am Sonntag, 2. 12. 1984
2 Hermann Kern, Labyrinthe, Hannover 1982
3 H. Kern, a.a.O.
4 Robert v. Ranke-Graves, Griechische Mythologie, Reinbek 1984, S. 314
.5 Janet Bord, Irrgärten und Labyrinthe, Köln 1976, S. 9
6 Ilias 18,590–592
7 Joseph Leo Koerner, Die Suche nach dem Labyrinth, Frankfurt 1983, S. 55
8 H. Kern, a.a.O., S. 7
9 derselbe, ebenda
10 derselbe, S. 27
11 Alfons Rosenberg, Christliche Bildmeditation, München 1975, S. 196
12 J. L. Koerner, S. 63
13 P. M. Capmi, zitiert bei Koerner, S. 67

Die Gärten Marias

1 Ingrid Riedel, Farben, Stuttgart 1983, S. 66
2 Karl Oetinger, Laube, Garten und Wald. Zu einer Theorie der süddeutschen Sakralkunst 1470–1520, in: Festschrift für Hans Sedlmayr, München 1962, S. 224
3 W. Hager, Artikel Kirchenbau, in: RGG[3], Sp. 1366
4 Peter Sloterdijk, Der Zauberbaum, Frankfurt 1985, S. 53f.
5 Auf die Ambivalenz der Turmbaumythe hat Eugen Drewermann in einer religionsgeschichtlich wie psychoanalytisch erschöpfenden Weise aufmerksam gemacht, in: Strukturen des Bösen, Bd. 2, Gütersloh 1985[5], S. 504ff.
6 Heimo Reinitzer, Der verschlossene Garten, Wolfenbüttler Hefte 12, Wolfenbüttel 1982. Er zitiert ab Insulis auf S. 13
7 H. Reinitzer, a.a.O., S. 13f.
8 derselbe, S. 30
9 Christa Mulack, Maria. Die geheime Göttin im Christentum, Buchreihe Symbole, Stuttgart 1985, S. 70
10 dieselbe, S. 91
11 Sprüche 8,30
12 Elisabeth Moltmann-Wendel, Das Land, wo Milch und Honig fließt, Gütersloh 1985, S. 104

Die Gärten der Ars amandi

1 Guillaume de Lorris, Der Rosenroman, übersetzt von Gustav Ineichen, Berlin 1956, S. 25
2 Rosenroman, S. 26
3 Rosenroman, S. 30
4 Rosenroman, S. 32
5 Rosenroman, S. 32
6 Rosenroman, S. 32
7 Rosenroman, S. 34

8 Rosenroman, S. 43
9 Peter Schellenbaum, Das Nein in der Liebe, Stuttgart 1984, S. 42
10 Rosenroman, S. 57
11 W. Ross, Rose und Nachtigall, »Rom. Forschungen« 67 (1955), S. 55–82
12 Wilhelm Fraenger, Hieronymus Bosch, Dresden 1975, S. 12
13 W. Fraenger, S. 15
14 W. Fraenger, S. 17
15 W. Fraenger, S. 32
16 W. Fraenger, S. 60
17 Dietmar Kamper, Die Höllen Boschs, in: kunst und kirche 4/83, Linz 1983, S. 192
18 W. Fraenger, S. 108
19 W. Fraenger, S. 120

Die Gärten der Theresa

1 Schön erzählt bei Reinhold Schneider, Theresia von Spanien, München – Zürich 1946, S. 5 ff.
2 Theresia von Jesus, Ges. Werke in 6 Bd., München – Kempten 1980[3], S. 41
3 Ges. W., Bd. 3, S. 251; allerdings übersetzt der fromme Übersetzer nicht, wie es richtig heißen muß, »Mann«, sondern »Mensch«
4 Ges. W. 1, S. 107
5 Ges. W. 1, S. 108
6 Ges. W. 1, S. 108 f.
7 Ges. W. 1, S. 110
8 Ges. W. 1, S. 112
9 Ges. W. 1, S. 124
10 Ges. W. 1, S. 125
11 Ges. W. 1, S. 128
12 Ges. W. 1, S. 128
13 Ges. W. 1, S. 133
14 Ges. W. 1, S. 134
15 Ges. W. 1, S. 137
16 Ges. W. 1, S. 150 f.
17 vgl. dazu Jürgen Moltmann, Die Wendung zur Christusmystik bei Teresa von Avila, in: Stimmen zur Zeit, Heft 7, Juli 1982 (105. Jg.), S. 449–463
18 Ges. W. 1, S. 162
19 Ges. W. 1, S. 166 f.
20 vgl. dazu Josef Sudbrack, Erfahrung einer Liebe. Teresa von Avilas, Mystik einer Begegnung mit Gott, Freiburg 1979
21 Ges. W. 1, S. 171
22 Ges. W. 5, S. 283

Die Gärten der Philosophen

1 Plato, Phädros zitiert in: Vom Paradies und anderen Gärten, Köln 1983, S. 70
2 Plato, ebenda, S. 71 f.
3 Plato, ebenda, S. 73

4 Martin Luthers Briefe. Hrsg. Reinhard Buchwald, 2 Bd., Leipzig 1909, Bd. II, S. 86–87 in behutsamer Modernisierung
5 B. H. Brockes, Irdisches Vergnügen in Gott. Hrsg. A. Elschenbroich, Stuttgart 1963, S. 12
6 Brockes, zitiert bei Hans Blumenberg, Die Lesbarkeit der Welt, Frankfurt 1981. Bei Blumenberg findet sich auch die positive Würdigung von Brockes, S. 183 ff.
7 Brockes, zitiert bei Blumenberg, ebenda
8 Lichtenberg, zitiert bei Blumenberg, ebenda, S. 212
9 Carl Friedrich von Weizsäcker, Der Garten des Menschlichen, Frankfurt 1977, S. 11
10 Weizsäcker, ebenda, S. 20 f.
11 Klaus Michael Meyer-Abich, Wege zum Frieden mit der Natur, Frankfurt 1984
12 Meyer-Abich, ebenda, S. 98
13 Der Spott stammt von Jakob von Üxküll aus dem Jahr 1907, zitiert bei K. M. Meyer-Abich, in: Orientierung 1/86. Berichte und Analysen aus der Arbeit der Evangelischen Akademie Nordelbien, S. 9
14 K. M. Meyer-Abich, Umkehr zum Leben in der Technik. Vortrag auf dem Deutschen Evangelischen Kirchentag Hannover 1983. Dokumente, hrsg. von Hans-Jochen Luhmann und Gundel Neveling-Wagener, Stuttgart 1984, S. 299
15 Meyer-Abich, Orientierung, ebenda, S. 12
16 Meyer-Abich, Wege, S. 293
17 Tennyson, zitiert in: Erich Fromm, Haben oder Sein, Stuttgart 1976, S. 26
18 Baho, zitiert bei E. Fromm, a.a.O., S. 27
19 J. W. v. Goethe, zitiert bei E. Fromm, a.a.O., S. 28
20 Albert Schweitzer, zitiert bei A. M. K. Müller, Erfahrungen der Grenze, München 1985, S. 12

Die Gärten der Dichter

1 Alfred Polgar, Kleine Schriften, Bd. 3, Reinbek 1984, S. 267–272
2 J. W. v. Goethe, zitiert in: Das Insel-Buch der Gärten, Hrsg. Hans Bender, Frankfurt 1985, S. 53
3 Eduard Mörike, ebenda, S. 73
4 Joseph von Eichendorff, ebenda, S. 73
5 J. v. Eichendorff, S. 82
6 Hugo v. Hofmannsthal, ebenda, S. 116
7 H. v. Hofmannsthal, S. 116
8 H. v. Hofmannsthal, S. 118 f.
9 Stefan George, ebenda, S. 123
10 Gottfried Benn, Pallas, Ges. W. in 8 Bd., Bd. 3, München 1975, S. 929
11 G. Benn, Ges. W., Bd. 1, S. 10
12 G. Benn, Ges. W., Bd. 8, S. 1892
13 G. Benn, Bd. 1, S. 209 f.
14 Hermann Hesse, zitiert in: Das Insel-Buch..., S. 154
15 Rudolf Borchardt, in: Das Insel-Buch..., S. 194
16 Rudolf Borchardt, a.a.O., S. 196
17 Rudolf Borchardt, S. 197

18 Bertolt Brecht, Ges. W. in 20 Bd., Bd. 9, Frankfurt 1967, S. 744
19 Bertolt Brecht, a.a.O.
20 Bertolt Brecht, S. 723
21 Bertolt Brecht, Bd. 10, S. 1009
22 Bertolt Brecht, a.a.O.
23 Bertolt Brecht, S. 861
24 Fr. G. Jünger, Die Perfektion der Technik, Frankfurt 1946, S. 16
25 Brigitte Worbs, Über den Umgang mit der Natur, München 1976, S. 41
26 Erich Kästner, Gedichte, Köln 1959, S. 151
27 Günter Kunert, Unterwegs nach Utopia. Gedichte, zitiert in: Quellenband »Im Bann der Natur« (Hrsg. Hoimar von Ditfurth und Rudolf Walter), Freiburg 1985, S. 269
28 Albert Camus, Kleine Prosa, Reinbek 1961, S. 15 f.
29 Hans Magnus Enzensberger, Verteidigung der Wölfe, Frankfurt/M. 1957, S. 35
30 Erika Pluhar, Das Märchen von der Revolte der Gärten. Prospekt »Erika Pluhar unterwegs«, Teldec (ohne Ort und Datum)
31 Hans-Jürgen Heise, Ein bewohnbares Haus. Gedichte, Frankfurt/M. 1968
32 Hans Magnus Enzensberger, Blindenschrift, Frankfurt 1964, S. 86 f.

Claus Westermann
Schöpfung

199 Seiten, kartoniert

»Claus Westermann zeigt, wie die ursprüngliche Intention der biblischen Urgeschichte heute ganz neu an Bedeutung gewinnt, weil der durch sich selbst bedrohte und gefährdete Mensch wieder nach seinen Grenzen und über seine Grenzen hinaus nach Anfang und Grund seiner Existenz und Geschichte fragt. In der Deutung, die der Autor gibt, gewinnt der Schöpfungsglaube für den Menschen unserer Zeit die ursprüngliche Dimension zurück: Sinngebung der Geschichte und eine Begründung der bedrohten menschlichen Existenz von Gott her.« *Mitarbeiterhilfe*

Jörg Zink
Kostbare Erde
Biblische Reden über unseren Umgang mit der Schöpfung

220 Seiten, kartoniert

»Zu diesem leicht lesbaren Buch sollten alle greifen, die spüren, daß Überlebensfragen Christen besonders angehen: alle, die Denk- und Formulierungshilfen für ihren Glauben heute suchen; alle, die mit jungen Menschen arbeiten und nach überzeugenden Antworten auf Gegenwartsfragen Ausschau halten.« *Monatsgruß*

Dorothee Sölle
lieben und arbeiten
Eine Theologie der Schöpfung

213 Seiten, kartoniert

Dorothee Sölle entfaltet ein neues Verständnis von Liebe und Arbeit, von Gott und der Schöpfung. Dabei versteht Dorothee Sölle Liebe und Arbeit in einem umfassenden Sinn, der den Menschen zur Entfaltung aller seiner schöpferischen Kräfte befreit, ihn aus Resignation und Vereinsamung herausführt und zu einem ganzheitlichen Glauben ermutigt.

Kreuz Verlag